MAGIE & RITUELS de la ROME ANTIQUE

Éditions Ellébore
16, rue de Lancry · 75010 Paris

Direction : Édouard Frison-Roche
Direction éditoriale : Katia Kaloun
Édition : Marine Bourasseau,
Lucie Bernamont et Coline Meret
Couverture, création graphique et mise en pages : Coline Cayzac
et Charlotte Thomas

Crédits iconographiques :
Couverture : © doom.ko/Shutterstock
Intérieur : © Paolo De Gasperis/Shutterstock,
© nycshooter/iStock, © Nadezhda Kharitonova/Shutterstock,
© Khirman Vladimir/Shutterstock, © cpaulfell/Shutterstock,
© Dhiraj Gursale/Shutterstock, © Wikimedia Commons,
© Marish/Shutterstock, © AlpKaya/Shutterstock, © Morphart
Creation/Shutterstock, © Di_StockTime/Shutterstock,
© Dmitry Chulov/Shutterstock, © Elena Dijour/Shutterstock,
© Krikkiat/Shutterstock, © Martin Bahmann, © Miryam I-Chiswick

Collection Oseleso
ISSN : 2681-3122

ISBN : 979-10-230-0257-7

ose|ose

Magali Hierthès

MAGIE & RITUELS de la ROME ANTIQUE

Les secrets
de l'harmonie latine

Ellébore

SOMMAIRE

INTRODUCTION – S'INITIER AUX SECRETS DE LA MAGIE ROMAINE POUR RÉINVENTER UN ART DE VIVRE 7

I – LA MAGIE DE LA ROME ANTIQUE ... 11

La magie et la religion dans la Rome antique 12

Les dieux et déesses de Rome 19

Assouvir ses désirs et solliciter les dieux par des rites 37

II – DÉCOUVRIR LES OBJETS, LES SYMBOLES ET LES GESTES MAGIQUES DE LA ROME ANTIQUE 49

Les éléments et les substances naturelles 50

Les instruments de sorcière 58

III – COMMENT SE PROTÉGER EN S'INSPIRANT DES RITES DE TRADITIONS ROMAINES 69

Symboles pour attirer la protection : pourquoi et comment les utiliser 73

IV – TENDRE VERS L'HARMONIE EN S'INSPIRANT DU CYCLE DES SAISONS 95
Le calendrier 96
Les célébrations saisonnières : une voie d'ancrage 100
Comment effectuer les rites liés aux principales fêtes romaines 102

V – DÉCOUVRIR LA DIÉTÉTIQUE ROMAINE ET SES PRINCIPES FONDAMENTAUX 139
La diététique et l'équilibre du corps et de l'esprit : les alicaments avant l'heure 142
Trouver la bonne signature énergétique des aliments au fil des saisons 148
La cuisine romaine en quelques mots : produits et ingrédients récurrents 154
Recettes romaines en fonction de son tempérament 157
Recettes de fête, recettes « phares » 178
Quelques boissons 183

QUELQUES MOTS POUR CONCLURE 187

BIBLIOGRAPHIE 191

INTRODUCTION

—

S'INITIER AUX SECRETS DE LA MAGIE ROMAINE POUR RÉINVENTER UN ART DE VIVRE

Les dieux de Rome, leurs cultes, leurs rituels et la magie... Un ensemble de traditions duquel deux mille ans d'histoire nous séparent. Mais cet héritage n'a jamais été totalement éradiqué. C'est bien là l'une de ses forces, apparaissant tantôt à travers des cultes réinterprétés par le christianisme – comme celui des fontaines et des arbres sacrés attribués à un saint ou à une sainte –, tantôt à travers des coutumes liées au découpage saisonnier qui, jadis, rythmait le quotidien. Ainsi la Saint-Valentin, qui valorise aujourd'hui les liens de cœur, puise-t-elle ses origines dans les Lupercales, fête romaine célébrée chaque année en février en l'honneur de Faunus, dieu de la nature et de la fertilité. Jeux, agapes et autres réjouissances animaient ces journées, de même que les tirages au sort qui offraient aux jeunes femmes la possibilité de trouver un mari. Des rites d'initiation inspirés des cycles de la vie.

De nos jours, les traditions romaines peuvent être de précieuses sources d'inspiration pour trouver l'harmonie et s'inventer un art de vivre dans un quotidien subordonné à des contraintes et à des difficultés faisant souvent obstacle à l'accueil de nos ressentis et à l'écoute du monde tel qu'il est. C'est dans cette perspective que cet ouvrage propose de décrypter des symboles et des rites qui nous permettront de nous rattacher à l'instant présent, de nous aligner sur les changements saisonniers et de reconnecter notre monde intérieur à celui de la nature.

I

LA MAGIE DE LA ROME ANTIQUE

LA MAGIE ET LA RELIGION DANS LA ROME ANTIQUE

Calendrier, religion et magie

À Rome, le calendrier ponctuait le quotidien et marquait les célébrations religieuses, toutes porteuses de sens. Tous les ans, par exemple, à des dates précises, les Romains honoraient les morts afin de les éloigner, redoutant plus que tout le contact avec les fantômes. Plus généralement, la partition du temps, qui s'imposait comme premier geste de romanisation, était étroitement liée aux choses de la terre, aux hommes et aux dieux. Bien moins connu que les combats sanglants des arènes, les banquets démesurés et les empereurs dévoyés, ce calendrier dévoile pourtant un aspect fondamental de la religion de Rome et de sa civilisation. Il témoigne d'un puissant ancrage reliant les humains à la Terre. Avec la religion, il permettait de construire au quotidien un lien solide et durable avec les dieux. Les rites s'attachaient avant tout à régler les affaires du monde terrestre. Ainsi les dieux étaient-ils toujours associés aux activités des humains qui, par des prières et des offrandes, cherchaient à ce qu'ils soutiennent leurs entreprises. Ni révélation ni dogme n'interférait dans ce véritable partenariat, tout comme il n'existait aucun dieu créateur à l'origine du monde. Les Romains accomplissaient des rites codifiés dont se chargeaient, à différents niveaux, des intermédiaires tels que les prêtres, les pères de famille, les magistrats, les magiciens... Selon le cas, ces médiateurs agissaient pour la cité, un quartier, une association professionnelle, une famille ou un seul individu. Si les gestes et les offrandes accomplis lors des cérémonies reflétaient une hiérarchie entre les hommes, ils marquaient aussi la supériorité des dieux dans leur condition d'immortels ; des aspects ritualistes qui pourraient laisser croire que la religion romaine était dépourvue de véritable profondeur et qu'elle était seulement conduite par des intérêts concrets. Pourtant, il existait bel et bien une liberté de pensée qui autorisait à honorer telle ou telle divinité venue d'ici ou d'ailleurs, de critiquer tel culte ou telle pratique, ou bien d'adhérer à une pensée ou à un culte à mystères d'origine lointaine... à condition, bien entendu, de se plier aux règles et aux rites garants de l'ordre social. Cette société d'une grande complexité était caractérisée par de nombreux paradoxes, mais aussi par un art de la mesure. C'était un monde également ouvert à la magie, qui se fondait sur la croyance intime en l'efficacité des paroles (prières religieuses, charmes...), des gestes et de l'intention.

Incantations et charmes

Dès ses origines, la magie a été une affaire d'enchantements. Chez Homère, elle reposait sur des paroles, des incantations, des chants et des formules. C'est par les mots qu'Ulysse put se guérir d'une blessure, et c'est par des voix « magiques » que les sirènes charmaient les marins. Paroles opérantes connues seulement des initiés... Il en était de même dans les campagnes romaines, où circulaient, disait-on, des formules capables de guérir les luxations – que l'on désignait par le terme latin *cantio*, dérivé du verbe *incantare* qui signifiait « chanter ». C'est du moins ce que rapportait Caton l'Ancien (IIIe-IIe siècles avant J.-C.), premier auteur d'une histoire complète de l'Italie ancienne : « Si une luxation se produisait, elle était guérie par une incantation » (*De l'agriculture*, CLXVIII, 160, 1). Exemple d'une très ancienne notion de « charme », terme dérivé de *carmen*, qui désignait une formule cadencée et dont la valeur magique reposait sur l'intégrité de son contenu exact. À son époque, le naturaliste latin Pline l'Ancien l'avait bien entendu, puisqu'il affirmait qu'il était « aussi téméraire de croire que la nature obtempère à des paroles rituelles que stupide de dénier à celles-ci toute valeur efficace » (*Histoire naturelle*, II, 140-141).

À Rome, la parole rituelle, religieuse ou magique, était donc agissante. Certaines formules avaient la capacité d'accomplir l'acte qu'elles désignaient, comme c'est le cas avec la phrase « je vous déclare mari et femme », qui transforme deux célibataires en un couple marié, exemple bien connu de réalité modifiée par la parole. Quant à l'écriture magique, aux symboles et aux dessins dont témoignent les découvertes archéologiques, ils ne faisaient que fixer une parole rituelle dans la durée et dans la matière.

Piété ordinaire et prières de magicien

La magie des Romains est connue grâce à de nombreux récits littéraires et historiques, à des inscriptions et à des objets retrouvés au cours de fouilles archéologiques. Avec des origines puisant dans une lointaine mythologie, elle incarne un héritage à la fois méditerranéen et indo-européen. Au fil du temps, elle a connu une évolution, avec des influences orientales (égyptiennes, notamment) et une marginalisation progressive, dont le paroxysme coïncida avec les premiers souverains chrétiens hostiles aux rites occultes. Néanmoins, la perception de la magie n'a pas toujours été négative. À l'origine, les rituels s'enracinaient dans des traditions religieuses reconnues de tous. Ils étaient régis par le même univers conceptuel. Comme les rites religieux, ils apportaient de nombreux bienfaits, de la guérison à la protection. Par ailleurs, s'agissant d'un acte pieux ou magique, les termes liant humains et dieux étaient véritablement ceux d'un contrat. En effet, les prières se fondaient toutes sur une promesse, une offrande ou un sacrifice en échange d'une intervention ou d'une protection divine. Cette relation d'affaires caractérisait souvent la structure même des prières magiques et des invocations religieuses. Celles-ci commençaient généralement par une invocation adressée aux divinités et se poursuivaient par la formulation du souhait (maux visant un adversaire, demande de victoire, de guérison...). Il est alors peu étonnant de constater que la magie partageait plusieurs aspects avec le droit. Ainsi, les textes de malédictions gravés sur de petits objets étaient tout aussi précis que les formulations juridiques. L'un d'eux, découvert sur un site archéologique en Espagne, fournit un bon exemple : « Aux dieux infernaux. Je vous adjure de recevoir favorablement ma plainte contre la dénommée Luxsia, fille d'Aulus Antestius, et de faire en sorte que la maladie attaque chaque jour sa tête, son cœur, sa raison, sa santé, sa vie, tous ses membres. Si vous faites qu'il en soit ainsi, j'acquitterai au juste prix le vœu que je vous fais. »

Dans les premiers temps, la loi de Rome n'a d'ailleurs jamais condamné la magie, mais plutôt les conséquences liées à des actes considérés comme de simples délits (vols de bétail...). Elle canalisait les tensions qui traversaient une société essentiellement agraire à la merci des calamités naturelles et des conflits de voisinage. Ce n'est que progressivement et pour des raisons de maintien de l'ordre public qu'une différence fut opérée entre une bonne et une mauvaise piété, entre des rites socialement admis et d'autres que l'on jugeait déviants. C'est dans ce contexte que se sont développées des prises de positions ambiguës. Selon le cas, l'occulte oscillait en effet entre condamnation, intégration et tolérance. Par exemple, pour Columelle, célèbre agronome romain du Iᵉʳ siècle, les remèdes traditionnels relevaient d'une « perversion d'esprits grossiers », alors qu'il avait lui-même été l'auteur d'un traité d'astrologie, discipline qui, tout au long de l'histoire romaine, a fait l'objet de nombreux scandales publics et de condamnations. Un paradoxe qui existait déjà sous la République, durant laquelle la lecture des présages et des signes était chose courante. Les haruspices fondaient leurs pronostics sur la lecture des entrailles d'animaux sacrifiés, tandis que les augures interprétaient le vol des oiseaux.

C'est également ce flou ambiant qui favorisa les accusations de magie, avec pour seule motivation de se débarrasser d'un concurrent. Certains n'hésitaient pas à dénoncer leurs adversaires pour sorcellerie afin d'envoyer sur eux les foudres de la justice, voire de masquer leur propre incompétence. D'après Cicéron, un avocat qui avait perdu la mémoire au cours d'une plaidoirie en aurait imputé la cause à des sortilèges et à des philtres (*cantionibus*). À la décharge de ce juriste malchanceux, il existait des sortilèges employés lors des procès afin d'empêcher la partie adverse de s'exprimer… Aujourd'hui, ces affaires révèlent aux historiens les ressorts de la vie publique, et cela même au plus haut niveau de l'État. On sait, par exemple, qu'en disqualifiant les croyances des peuples gaulois, de nombreux Romains avaient justifié la conquête de la Gaule. Pourtant, la magie était intimement liée au quotidien des Romains et se rattachait à une conception singulière de la place de l'humain dans la nature. Aujourd'hui, nous avons encore cette magie à portée de main.

LES DIEUX ET DÉESSES DE ROME

Les divinités du panthéon romain en quelques mots

Les dieux de Rome sont extrêmement nombreux : Jupiter, Mars, nymphes, mais aussi Faunus, dieu de la forêt, des plaines et des champs, Pomona, déesse des arbres fruitiers, des jardins et des vergers, ou encore Limentinus, dieu protecteur des portes dont le nom évoque le limes romain, c'est-à-dire les frontières de l'Empire... Cependant, certains revêtaient une importance capitale, notamment la triade capitoline, véritable marqueur culturel de Rome. Ces trois divinités – Jupiter, Junon et Minerve – siégeaient en effet sur le Capitole, à Rome. Ce trio remonte aux temps anciens de la cité, avant le développement qu'on lui connaît et qui associait Jupiter, Mars et Quirinus. On ne citera ici que les figures les plus connues avec les éléments qui les caractérisent afin de les reconnaître sur les diverses représentations (statues, mosaïques...).

Jupiter

Maître des autres dieux, Jupiter (*Juppiter*) gouvernait la terre, le ciel, ainsi que tous les êtres vivants. Ses liens avec le ciel en ont fait une figure que les Romains associaient aux présages et aux rites divinatoires exécutés par les prêtres. Ses attributs – aigle et foudre – symbolisaient son pouvoir souverain.

Junon

Junon (*Juno*) est la principale divinité féminine de Rome. Souveraine et protectrice, elle présidait aux unions matrimoniales et à la fécondité. Par son caractère belliqueux, elle assurait ainsi la richesse. Elle était d'ordinaire figurée avec un sceptre surmonté d'un coucou et d'une grenade symbolisant l'amour conjugal. Dans d'autres cas, elle était accompagnée par un paon.

Minerve

Incarnant sagesse, intelligence, stratégie, lettres, arts et métiers, Minerve (*Minerva*) était la déesse des artisans et présidait aux choses de la guerre. On la reconnaît par ses attributs caractéristiques que sont la chouette, le casque, la lance, l'olivier, la tête de Gorgone souvent figurée sur sa cuirasse et l'égide (objet magique – tantôt bouclier recouvert d'une peau de chèvre, tantôt oiseau – susceptible de déclencher la foudre).

Mars

Dieu des guerriers, de la jeunesse et de la violence, Mars était aussi considéré comme le père de Romulus et de Rémus, fondateurs de Rome. S'il apparaissait parfois sous la forme d'un loup, il était plus fréquemment représenté sous forme humaine, avec un casque, une lance, une épée et un bouclier, voire un bâton de commandement. À l'instar de Minerve, sa cuirasse portait une tête de Méduse aux pouvoirs magiques. Les Romains prêtaient également à Mars des fonctions agraires. Il a par ailleurs été assimilé à Quirinus, dieu de la guerre chez les Sabins, peuple ancien de l'Italie préromaine.

Apollon

Apollon (*Apollo*) était un dieu grec qui fut rapidement honoré à Rome, notamment en raison de sa capacité à guérir. En effet, s'il était en premier lieu le dieu de la lumière, des arts, du chant, de la musique, de la beauté masculine et de la poésie, il était aussi celui de la guérison et des purifications. Toutefois, comme de nombreux dieux et symboles, il portait en lui une ambiguïté certaine, pouvant apporter la peste avec son arc. C'est dans cette nature double qu'il puisait ses capacités divinatoires. Ainsi, à Delphes, rendait-il des oracles – tout aussi ambigus – par l'intermédiaire de la Pythie. Il était d'ordinaire représenté avec un arc et des flèches, une cithare ou une lyre.

Diane

Si Diane était à l'origine associée à la naissance, à la succession des rois et à la souveraineté, ses prérogatives se sont progressivement orientées vers la chasse. Elle était aussi associée à la Lune, voire au monde infernal. Comme Artémis, cette déesse était souvent figurée avec un arc et vêtue d'un habit de chasse, avec un carquois sur l'épaule. Parfois, un chien l'accompagnait. De nombreux portraits la représentaient également avec un croissant de lune au-dessus du front.

Neptune

Neptune (*Neptunus*) était initialement le dieu des eaux vives et des sources et, à ce titre, il patronnait pêcheurs, bateliers et chevaux. Ce n'est qu'une fois assimilé au dieu grec Poséidon que les fonctions de Neptune touchèrent le monde marin. Il apparaissait généralement avec une barbe généreuse, des cheveux ondulés, un trident, et conduisant un char tiré par des chevaux ou des hippocampes.

Vénus

Déesse de l'amour, de la séduction et de la beauté féminine, Vénus, comme Aphrodite, était étroitement liée à la fertilité et à la végétation. Elle partageait également ses attributs avec Aphrodite : colombe, cygne, myrte, pomme et, surtout, miroir et ceinture magiques capables de raviver l'amour chez les époux volages et de charmer toute proie masculine.

Vesta

Vesta était la déesse du foyer du peuple romain, de la maison et de la famille. Elle était symbolisée par un feu sacré brûlant en permanence dans les temples qui lui étaient consacrés et dont la responsabilité était confiée aux Vestales, fillettes puis femmes considérées comme prêtresses du feu éternel. Si cette déesse était représentée uniquement par un feu sacré, les Romains finirent par la faire apparaître sur certaines monnaies, sous les traits d'une matrone (femme mariée) vêtue d'une stola (longue robe plissée portée par-dessus une tunique), tenant un flambeau, une lampe, une patère, une corne d'abondance, etc. Au quotidien, Vesta revêtait une grande importante pour les femmes responsables de leur foyer, lieu de la préparation des repas. Ces dernières la sollicitaient également pour prédire l'avenir en faisant brûler des offrandes et en observant leurs formes pendant la combustion.

Cérès

Cérès était la déesse de l'agriculture, des moissons, des potagers domestiques et de la fertilité au sens général. Ses prérogatives touchaient aussi le domaine humain. C'est la raison pour laquelle elle était associée aux rites matrimoniaux. Elle était figurée avec une couronne d'épis de blé et un diadème, voire une guirlande de pavot, ainsi qu'avec un bouquet et une torche. Sur certaines représentations, elle tenait une faucille ou bien était accompagnée par de petits enfants portant une corne d'abondance. Son char était, quant à lui, attelé à des lions et des serpents.

Vulcain

Dieu du feu, des volcans et de leurs gaz, de la foudre, des orages, des incendies et des matériaux fusibles (fer, airain, argent, or), Vulcain (*Vulcanus*) patronnait les artisans travaillant le métal. Il incarnait ainsi la double nature du feu, à la fois bienfaisante, avec ses pouvoirs de production, et destructrice. C'est en raison de cette ambivalence que Vulcain était invoqué pour conjurer et éteindre les incendies. C'est par ailleurs à lui, tantôt gardien tantôt guerrier, que l'on offrait les armes des ennemis vaincus. On le reconnaissait à son marteau, à ses tenailles ou à son bonnet pointu.

Bacchus

Si Bacchus (du grec ancien *Bákkhos*) désignait l'ancien dieu Liber Pater présidant la fécondité, il fut rapidement confondu avec Dionysos. Cependant, son caractère plus licencieux se traduisait par les fêtes dites « libérales » qui donnaient libre cours aux propos indécents et autres expressions subversives. Installé sur un tonneau ou sur un char tiré par des félins ou des centaures, Bacchus était généralement figuré avec des cornes, une couronne végétale (pampre, lierre ou figuier), tenant une grappe de raisin ou une coupe en forme de corne, et un thyrse (bâton ou sceptre) entouré de tiges de vigne et de lierre. Sous des traits juvéniles, ce dieu incarnait la force vive, l'éternelle jeunesse.

Pluton

Pluton (*Pluto*), dont le nom issu du grec ancien signifie « le riche », était par conséquent associé à la richesse. Cependant, lié à l'ancien dieu Dis Pater, c'était aussi le souverain des Enfers, tout comme le dieu grec Hadès – « celui qui est invisible » ou « qui rend invisible ». Il était souvent figuré sur un char tiré par quatre chevaux noirs, avec un casque magique pouvant le rendre invisible, une couronne végétale (ébène, narcisse…), un sceptre ou une fourche, voire des clefs symbolisant les portes séparant vie et mort. Enfin, il était également accompagné de son chien Cerbère.

Mercure

Mercure (*Mercurius*) présidait le commerce et les voleurs, patronnant les voyages et servant de messager des dieux. C'est une divinité aux multiples facettes, endossant le rôle d'intermédiaire entre le monde des vivants et celui des morts, ou celui de psychopompe, c'est-à-dire de conducteur des âmes des morts dans leur nouveau royaume. Avec ses attributs (bâton avec deux serpents entrelacés, bourse, chapeau ailé, caducée, sandales ailées, coq ou bouc), il incarnait la nouvelle journée, la fertilité.

Les divinités et les énergies de la nature

Aucun rituel, chargé d'une bonne ou d'une moins bonne intention, ne pouvait être validé sans l'aval des dieux ! Parmi ces derniers, on compte les grandes figures du panthéon classique, mais les nymphes et les divinités vengeresses étaient également invoquées. C'est le cas d'Invidia, plus connue sous le nom de Némésis. La littérature insiste également sur le rôle d'Hécate auprès des sorcières. Les jeteurs de sorts ne manquaient pas non plus de solliciter les lémures, les Mânes et tout autre défunt. Tous, par vengeance, par la rancœur éprouvée à l'égard des vivants, pouvaient intercéder auprès de divinités puissantes, soit parce qu'ils avaient été privés de funérailles, soit parce que leur mort avait été violente ou prématurée.

Les divinités étaient par ailleurs reliées à une saison, et donc à une énergie. Si cette caractéristique n'apparaît pas directement dans les rites, hormis à travers le respect d'un calendrier, elle se retrouve dans la symbolique des courses de chars qui, à l'origine, étaient associées à des fêtes religieuses. L'attelage était d'ailleurs étroitement lié au mythe de la fondation de Rome. C'est en effet avec un soc de charrue que Romulus aurait tracé les limites de la future ville. Sous l'Empire, chaque course de chars opposait quatre factions dont les attelages se distinguaient par leur couleur (vert, rouge, bleu et blanc). Chacune représentait une saison et une divinité :

- le vert représentait le printemps, le cycle de la renaissance, ainsi que la déesse Vénus ;

- le rouge correspondait à l'été et renvoyait au feu et au dieu Mars ;

- le bleu symbolisait l'automne, le ciel, la mer et le dieu Neptune ;

- le blanc, lui, incarnait l'hiver et ses zéphyrs, ainsi que Jupiter.

Autrement dit, si chaque divinité se différenciait par des actions et des pouvoirs particuliers, elle se rattachait également à des forces spécifiques de la nature, des énergies variant selon les saisons. Celles-ci se manifestaient par ailleurs dans l'*aiôn*, conception du temps héritée de la pensée grecque et qui complétait deux autres notions fondamentales. Chez les Anciens, il existait en effet trois types de temps :

- le temps *chronos*, du nom du dieu grec Chronos (Saturne dans le panthéon romain), c'est-à-dire le temps continu qui se mesurait chronologiquement par des unités telles que les douze heures du jour et de la nuit, et qui se divisait en passé, présent et futur. Il traduisait la nécessité de planifier les tâches agricoles, de poser un cadre social, donc un calendrier (de *calendae*, « premier jour du mois ») ;

- le temps *kairos*, c'est-à-dire le temps métaphysique qui correspondait à un temps opportun, à un moment crucial séparant l'avant de l'après. Il s'agissait d'un temps qualitatif et non chronologique donnant un sens particulier à un instant précis ;

- le temps *aiôn*, qui correspondait au temps cyclique incarné par une divinité étroitement associée au zodiaque. C'était le temps des cycles, de la ronde des saisons, des générations, des destinées, des ères… C'est à partir de l'*aiôn* qu'avaient été fixées les phases clefs de l'existence, à savoir : le solstice d'été du 21 juin, jour le plus long de l'année et marquant le début de l'été ; l'équinoxe d'automne autour du 22 septembre, où le jour et la nuit sont égaux en durée ; le solstice d'hiver, période débutant le 21 décembre et dont les jours sont les plus courts de l'année.

Si la plupart des activités s'inscrivaient dans un temps linéaire (*chronos*), elles étaient tributaires de l'*aiôn* dans de nombreux domaines. Ce découpage du temps et le patronage des activités humaines par le divin apparaissent sur plusieurs mosaïques qui ornaient les riches demeures. C'est le cas d'un pavement découvert au XIXe siècle à Saint-Romain-en-Gal, près de Vienne. Il s'agit d'une composition ordonnée sur le thème des saisons. Elle se composait de quarante panneaux dont seuls vingt-sept nous sont parvenus. Les scènes sont agencées autour de quatre panneaux principaux représentant les saisons. Celles-ci sont symbolisées par un personnage associé à un animal et apparaissent comme des puissances bienfaisantes, chacune étant placée sous les auspices d'une énergie divine. Elles sont également liées à neuf activités agricoles et religieuses qui rythmaient le quotidien de l'époque et coïncidaient avec le calendrier des fêtes célébrées en l'honneur des dieux. Ainsi une scène associée à l'hiver représente-t-elle un sacrifice offert aux Lares, dieux protecteurs du foyer, tandis qu'à l'automne correspondent les représentations de vendanges, de foulage du raisin, etc. Une mosaïque datée du IIe siècle et découverte sur le site de La Chebba, en Tunisie, fait également référence aux saisons. Au centre figure Neptune, entouré par les saisons qui occupent les quatre angles de la mosaïque. Le printemps est figuré par une jeune fille quasiment dénudée, l'été par une jeune femme nue, l'automne par une femme drapée et l'hiver par une vieille dame enveloppée dans un vêtement sombre. Des animaux emblématiques ainsi que des scènes représentant des travaux agricoles et des activités de chasse accompagnent ces quatre portraits : semis et lévrier pour le printemps, lion et cueillette de fruits pour l'été, moisson et panthère pour l'automne, chasse au gibier d'eau, cueillette des olives et sanglier pour l'hiver.

Les dieux et rites nouveaux

Étroitement lié à la terre et au rythme des saisons, le mode de vie de l'Italie ancienne a été considérablement enrichi d'apports venus de l'extérieur. De nombreux Romains ont en effet adopté des dieux étrangers, d'abord grecs, puis orientaux. Viscéralement attachés aux cultes hérités de leurs ancêtres, ils ont très tôt assimilé les dieux venus d'ailleurs, forgeant là une part de leur identité. Dès le IIe siècle, Isis et Sérapis, dieux d'Alexandrie, furent honorés. Bien plus tôt encore, le culte de la Grande Mère, la *Magna Mater*, c'est-à-dire Cybèle, avait déjà été introduit. Celui de Mithra, dieu indo-iranien, s'était par ailleurs progressivement développé à partir du Ier siècle. En fait, bien que la religion traditionnelle de Rome fût souvent opposée à la superstition – soit un ensemble de pratiques exotiques, extatiques, prophétiques et, par là même, suspectes –, elle finit par intégrer nombre de cultes nouveaux. Ces derniers se sont fondus dans un solide système religieux sans pour autant lui apporter de véritable renouveau. Cependant, vers la fin de l'Empire, les cultes dits « orientaux » étaient largement représentés, de même que des pratiques plus occultes. Ainsi, l'astrologie, qui serait venue de Mésopotamie, fut très rapidement sujette à caution. Néanmoins, les empereurs y avaient souvent recours.

Les découvertes archéologiques montrent également toutes ces influences lointaines. C'est le cas du disque zodiacal de Chevroches (Nièvre), pièce en tôle de bronze de 6,5 cm de diamètre datée de la fin du IIIe siècle. Cet objet découvert en Gaule associe des éléments égyptiens, grecs et romains ! Il s'agit d'un instrument de calcul astrologique qui permettait de dresser une carte céleste. Sur sa surface, douze compartiments apparaissent, présentant les douze mois égyptiens, les douze mois romains et les signes du zodiaque. Selon les chercheurs, ce disque devait permettre de reporter les données du jour et d'établir l'horoscope de clients.

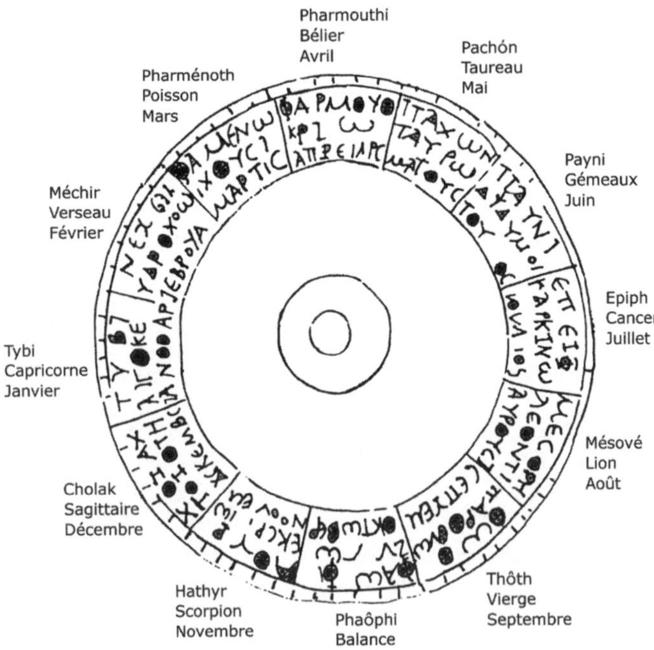

Son propriétaire, un ou une astrologue, devait se déplacer de ville en ville, tout comme les pharmaciens, les herboristes, certains médecins et autres magiciens qui sillonnaient l'ensemble du monde romain, à l'instar des commerçants et des soldats. C'est par le biais de ces voyageurs que de nombreuses pratiques magiques, divinités étrangères et diverses formes d'astrologie ont été diffusées. Les rites d'envoûtement exécutés au moyen de tablettes inscrites (*defixiones*) et de sacrifices faisaient aussi appel à de nombreux démons, anges et divinités venus d'ailleurs... des figures chargées de mystère, aux noms accompagnés de formules secrètes et de signes étranges. Ainsi, le nom d'Abrasax, c'est-à-dire *arbra k'se*, qui signifie « quatre du trône » en hébreu, est présent sur une tablette en plomb découverte dans les environs d'Autun, en Saône-et-Loire. Désignant le dieu unique, il serait à l'origine du mot « abracadabra »... D'autres noms sémitiques comme Sabaôth, Aberamenthô ou Adonaï, apparaissent sur ce genre d'objets. Tous désignent Yahvé.

Sur un autre texte de malédiction provenant de Tunisie (Sousse), la prière typiquement gréco-romaine est adressée à l'âme d'un défunt. Celle-ci est chargée de présenter la requête au dieu unique : « Je t'adjure, esprit démoniaque ici gisant, par le nom sacré Aôth, Abaôth, le dieu d'Abraham, et Iaô d'Isaac, Aôth

Abaôth, le dieu d'Israël. Écoute le nom précieux, effrayant et grand, et rends-toi vers Urbanus, qu'enfanta Urbana, et mène-le à Domitiana, qu'enfanta Candida [...]. »

Sur un autre charme amoureux d'Égypte romaine rédigé en grec, le nom de Nepherièri renvoie quant à lui à la déesse égyptienne Hathor, soit Aphrodite.

ASSOUVIR SES DÉSIRS ET SOLLICITER LES DIEUX PAR DES RITES

Fixer et nouer

D'après les écrits et les témoignages archéologiques, la magie romaine reposait sur les actions de fixer et de nouer. Ainsi le clou revient-il souvent dans les rituels : il symbolisait ce qui était accompli, fixé et nécessaire. Selon le poète Horace, il était associé à la nécessité, généralement représentée en train de marcher devant la déesse Fortuna et portant des clous de charpentier, des coins, un crampon et du plomb liquide ; en somme, tout le matériel qui servait jadis à fixer les parties d'un édifice.

Dans la magie, le clou fixait l'intention. Lors des rituels, non seulement il accompagnait les formules, mais il les rendait également inéluctables. Le clou pouvait bien entendu être remplacé par une aiguille ou tout autre objet pointu, et ce, aussi bien dans un rituel chargé d'une bonne intention que d'une mauvaise. Ainsi, pour délivrer une personne d'une crise d'épilepsie, les Romains plantaient un clou à l'endroit exact où s'était produit son malaise. Le geste servait à fixer la maladie au sol et à neutraliser l'âme du fantôme qui en était à l'origine. Dans la même idée, certains Romains complétaient les rituels funéraires destinés à séparer les vivants des morts en fichant des clous autour du défunt (ou de son urne, si celui avait été incinéré). Le but était de garder les âmes mortes « en bas » et de les empêcher de rôder dans le monde des vivants. De cette manière, les Romains s'assuraient qu'elles ne reviendraient pas sous la forme de fantômes pour les tourmenter.

Dans d'autres circonstances, le clou servait à de mauvais desseins. Les récits littéraires rapportent souvent que les sorcières s'en servaient pour transpercer des figurines façonnées à l'image des victimes de leurs charmes. Ce type d'envoûtement consistait aussi à perforer l'objet sur lequel était inscrite une malédiction (tablette de cire, de plomb…).

Le geste était bien connu des Romains, qui le désignaient par le verbe *defigere*, c'est-à-dire « fixer » au sens propre et « immobiliser par des paroles » au sens figuré. Il servait à envoûter des personnes en les immobilisant symboliquement de manière à les dominer, voire à les dévouer aux dieux (donc à les sacrifier).

La tablette de malédiction était quant à elle désignée par le terme *defixio*. Cette pratique était également courante en Grèce, où la perforation était souvent remplacée par la ligature. En grec ancien, le geste était traduit par *katadein*, c'est-à-dire « lier vers le bas ». Ainsi, comme le clou, le nœud avait une forte valeur symbolique dans l'univers des rites. Dans le monde antique, où cultures grecque et romaine étaient étroitement liées, il était fréquent que la ligature et l'enclouage soient associés ou se substituent selon l'envie du maître d'œuvre. De ce fait, une dame romaine qui souhaitait sécuriser l'amour de son amant devait-elle nouer des fils et murmurer des formules secrètes…

Les rites et inversions de symboles

L'une des caractéristiques des rites magiques est l'inversion des valeurs sociales et religieuses. Par exemple, contrairement à la plupart des rites ordinaires, ils s'opéraient souvent la nuit. Toutes les inversions usitées à l'époque démontrent que l'art de la magie – pratiqué à bon ou à mauvais escient –, demandait une bonne connaissance des institutions religieuses et des habitudes sociales. Le sorcier ou la sorcière était en quelque sorte le miroir de la société. Loin de rejeter les règles socioreligieuses, leurs rites se prêtaient à un jeu d'ambiguïtés, exploitant des symboles équivoques comme le clou en s'appuyant sur les ressorts de vie commune ; un art habile de renverser la perspective, un monde occulte au plus près de la norme, dont il inversait les valeurs à sa guise.

Certains rituels issus d'anciennes traditions religieuses sont d'ailleurs comparables aux rites d'envoûtement apparus plus tard. C'est le cas du rite de dévotion (*devotio*), proche du rite de *defixio*. La dévotion consistait en effet à offrir la vie de ses adversaires aux dieux Mânes, donc aux défunts, en échange d'un sacrifice. Les Romains y avaient parfois recours en temps de guerre afin de remporter une bataille. D'après l'historien Tite-Live, en 340 avant J.-C., un consul nommé P. Decius fut dévoué, c'est-à-dire symboliquement sacrifié. Pour ce faire, un pontife nommé Valerius fit revêtir le consul d'une toge de magistrat (toge dite « prétexte », blanche et bordée d'une bande pourpre), lui demanda de se voiler la tête, de lever la main et de poser un pied sur son javelot. Une fois ces gestes accomplis, une longue prière rituelle fut récitée face à l'armée adverse : « Janus, Jupiter, notre père Mars, Quirinus, Bellone, Lares, dieux nouveaux et étrangers, dieux indigènes, dieux qui avez toute puissance sur nous et sur l'ennemi, et vous, dieux Mânes, je vous invoque, vous supplie [...] de faire au peuple romain des Quirites la faveur de lui donner force et victoire, et d'écraser les ennemis du peuple romain des Quirites sous la terreur, l'épouvante et la mort. Comme je l'ai déclaré en propres termes, je me dévoue pour la République des Quirites, pour les légions, les auxiliaires du peuple romain des Quirites, et je dévoue avec moi, aux dieux Mânes et à la terre, les légions et les auxiliaires des ennemis. » D'une part, la prière avait rendu P. Decius propriété des dieux Mânes et lui avait ainsi donné un statut de mort. D'autre part, en liant son sort à celui des adversaires (« et je dévoue avec moi, aux dieux Mânes et à la terre, les légions et les auxiliaires des ennemis »), elle avait également précipité les Latins chez les morts, aux Enfers ! Autrement dit, par ses paroles opérantes, la *devotio* – comme les textes de *defixio* – anéantissait les ennemis ! Dans le cas présent, le résultat ne se fit pas attendre, puisque les Latins, saisis d'effroi, abandonnèrent le champ de bataille. Probablement avaient-ils eux-mêmes déjà eu l'occasion de pratiquer ce type de rite...

Cette transformation du « vivant » en « mort » se retrouve dans un rite macabre qui, sous la République, consistait à enterrer vivants un couple de Gaulois et un couple de Grecs, représentant les ennemis de Rome. Pour autant, nul besoin de s'arrêter uniquement à ce qui apparaît comme particulièrement effrayant, voire romancé ! Dans la grande majorité des cas, la magie se cantonnait à des actes symboliques (mort sociale, mort religieuse…) et touchait des domaines bien plus ordinaires. C'était déjà beaucoup !

Pur, impur et limites symboliques

Comme la séparation entre vivants et morts le démontre, les rites magiques reposaient souvent sur une notion de limite, qu'elle soit symbolique ou réelle. Dans la société romaine, le contact avec les défunts était particulièrement redouté, car il constituait une souillure qui pouvait se manifester par différents maux, comme une crise d'épilepsie. C'est pourquoi les rites funéraires servaient non seulement à faire passer le défunt dans son nouvel environnement, mais aussi à purifier les familles endeuillées et temporairement souillées par la mort. À la fin des funérailles, la coutume rigoureuse du repas est éloquente. Ce partage différentiel posait une limite symbolique entre morts et vivants.

Cette séparation caractérise également les *Lemuria*, fêtes destinées à chasser de l'environnement domestique les lémures, c'est-à-dire les défunts « mal enterrés » susceptibles de se venger en souillant les vivants par leur simple présence. Gestes et paroles opérés à cette occasion réaffirmaient la frontière indispensable entre les uns et les autres. Ovide en a livré la description suivante : « Vers le milieu de la nuit, quand le silence favorise le sommeil, quand les chiens et les divers oiseaux se sont tus, l'homme qui n'a pas oublié les anciens rites et qui craint les dieux se lève. Ses deux pieds sont sans chaussures. Faisant claquer ses doigts réunis contre le milieu de son pouce, il se signale, pour éviter qu'une ombre légère, s'il marchait sans bruit, ne surgisse devant lui. Trois fois, il se lave les mains dans l'eau d'une fontaine ; il se tourne et prend dans sa bouche des fèves noires qu'il crache ensuite derrière lui tout en disant : "Je jette ces fèves ! Par ces fèves, je me rachète, moi et les miens !" Il répète cette formule neuf fois, sans regarder derrière lui : on pense que l'ombre ramasse l'offrande et, invisible, le suit. De nouveau, il touche l'eau, fait tinter un objet en bronze et prie l'ombre de sortir de sa maison. Par neuf fois, il dit encore : "Mânes de mes pères, sortez !" Alors seulement il se retourne, convaincu qu'il a correctement accompli les rites » (*Fastes*, 5, 425-426).

Cet exemple témoigne de la présence de la magie dans la sphère domestique. La crainte des lémures et autres âmes effrayantes se traduisait par bien d'autres usages et croyances. Ainsi, pour de nombreux Romains, un aliment tombé au sol ne pouvait être consommé. Selon eux, celui-ci – à l'instar des fèves jetées aux lémures – appartenait *de facto* aux morts et le manger était de très mauvais augure. Le décor des maisons témoignait parfois de la peur suscitée par les défunts. C'est le cas d'un fantôme représenté sur une mosaïque découverte dans l'ancienne ville romaine de Kélibia, en Tunisie. La scène menaçait tous ceux – défunts ou jeteurs de sorts – tentés de nuire aux habitants du foyer. Le fantôme est figuré sous les traits d'un vieil homme maigre et barbu. Vêtu d'un habit sombre, son pied gauche est pris dans une chaîne reliée à un piton fiché dans le sol. La formule associée à l'image (« Toi aussi brûle ») vise distinctement les potentiels ennemis. Le portrait renvoie d'ailleurs à l'idée que se faisaient les Romains des fantômes, tout en rappelant la façon dont se vêtaient les membres d'une famille endeuillée. Quant à la chaîne, elle constitue un élément récurrent dans l'imaginaire antique, tout comme le montre un écrit de Pline le Jeune : « Dans le silence de la nuit, un bruit de fer se faisait entendre et, si l'on tendait l'oreille, des grincements de chaîne vous parvenaient d'abord de loin, puis de près. Ensuite, le spectre apparaissait : c'était un vieillard émacié, revêtu de haillons de deuil ; il avait la barbe longue et les cheveux hirsutes ; il portait des fers aux pieds et agitait ses mains chargées de chaînes. » Quant au pieu retenant le personnage au sol, il évoque le clou, un des objets magiques par excellence. Cette mosaïque fait en effet allusion à deux types de limites : l'une au sens propre, séparant le foyer de l'extérieur, et l'autre au sens figuré, opposant le monde des vivants de celui des morts. Le pieu fiché dans le sol garantissait ces limites réelles et symboliques en forçant le fantôme à rester attaché au monde d'en bas, au plus près du monde souterrain.

La notion de limite apparaît aussi dans d'autres aspects de la vie rituelle. Par exemple, le rite des *Compitalia* (du latin *compitum*, « carrefour » ou « croisement ») se déroulait souvent à la jonction de plusieurs domaines ruraux ou de rues. Célébré vers le mois de janvier, il consistait à se rendre au *compitum* pour y honorer les Lares, divinités domestiques incarnant les esprits des ancêtres. On offrait des gâteaux, des guirlandes et des fleurs. Dans les anciennes traditions, la cérémonie était surtout l'occasion de protéger son foyer. Pour ce faire, il fallait suspendre de petites poupées de laine appelées *maniae* devant sa porte d'entrée ou sur les chapelles des carrefours. Ces objets étaient censés apaiser les Mânes.

Des vestiges archéologiques témoignent également de l'importance des limites et des rituels qui les consacraient. Les archéologues mettent parfois au jour des amas d'ossements d'animaux au niveau du seuil des habitations. Ces restes sont généralement interprétés comme des vestiges de sacrifices exécutés *in situ* en vue de garantir la protection des habitants. Ces offrandes évoquent le dépôt de substances repoussantes, d'une image agressive ou d'une amulette sur un bâtiment, sur le mur d'une propriété ou en bordure d'un champ. De la même façon, certains arboraient, sur leurs vêtements ou sur un bijou, un symbole de protection.

Si les Romains craignaient les âmes des défunts, ils se méfiaient tout autant des calamités provoquées par la jalousie d'autrui et le courroux des dieux. Aussi, nombre d'entre eux recouraient à des symboles censés attirer le regard nuisible des jaloux, voire des jeteurs de sorts, et les détourner de leur objet de convoitise… Ainsi, l'œil ou le masque de Méduse, portés en bijou ou placés sur un édifice, étaient-ils récurrents. À leur naissance, les jeunes enfants de familles libres recevaient d'ailleurs une *bulla* (un pendentif en or ou en cuir pouvant renfermer des objets et des substances symboliques) censée les prémunir contre toutes sortes de maux. C'est aussi dans le souci de protéger les plus jeunes que les Romains fabriquaient des statuettes à l'effigie du dieu Risus, figure d'un enfant dodu, chauve et rieur. Pour chasser le mal, d'autres préféraient employer une clochette et la faire tinter.

II

—

DÉCOUVRIR LES OBJETS, LES SYMBOLES ET LES GESTES MAGIQUES DE LA ROME ANTIQUE

LES ÉLÉMENTS ET LES SUBSTANCES NATURELLES

Le feu

Dans l'Antiquité, le feu jouait un rôle de premier plan, puisqu'utilisé tant au début qu'à la fin des rituels, qu'ils soient religieux ou magiques. C'était également l'instrument idéal de transformation de la matière (métaux, aliments...).

Les praticiens brûlaient des offrandes (herbes, encens, viande, etc.), voire l'effigie des envoûtés. Brasiers et petits feux entouraient ainsi les lieux de sacrifices et les autels dédiés aux dieux. Obtenues par combustion, les fumigations d'herbes aromatiques relevaient d'un acte propitiatoire, devant contenter les dieux qui se laissaient volontiers amadouer par d'agréables fragrances. Accompagné d'une intention bien précise, d'une prière ou d'une incantation spécifique, le feu permettait d'envoyer dans l'au-delà tout objet ou tout corps sous forme de fumée. Celle-ci était censée délivrer le message des humains. De la même manière, l'incinération de biens qui avaient appartenu à des défunts permettait de les transmettre dans l'au-delà.

Le feu était également considéré comme porteur de bienfaits comme la chaleur et la lumière. Il incarnait l'énergie vitale des vivants. Cependant, il pouvait aussi être synonyme de destruction (orages, éruptions volcaniques, incendies, etc.).

Dans bien des cas, le feu avait une valeur purificatrice. Offrir un sacrifice aux dieux (animal ou végétal) nécessitait généralement qu'il soit pur, c'est-à-dire brûlé. De nombreux rituels magiques et religieux recouraient aussi bien au feu qu'au soufre pour purifier un lieu, des animaux ou des humains, voire délivrer le cœur d'âmes amoureuses rongées par de vaines passions. Mais pour attirer un amant, il convenait aussi de manier le feu, en faisant passer de nombreux ingrédients, tels que le laurier ou la farine, par les flammes. Le geste faisait écho à l'intention, et la combustion accompagnait des incantations telles que : « Je fais brûler cette herbe pour enflammer untel. »

Dans cette même idée, les magiciens modelaient des figurines à l'effigie des envoûtés. Passés par la flamme d'une bougie ou jetés dans un brasier, ces objets étaient censés faire brûler d'amour les amants indécis ou infidèles. Le choix du matériau utilisé pour façonner ces figurines (argile, cire et plomb) était lié à cette analogie rituelle. La malléabilité des matériaux s'accordait au désir de dominer les victimes, de les assujettir. Les textes d'envoûtement (*defixiones*) introduisaient également une torture symbolique par le feu afin que la passion enflamme les victimes. L'une des inscriptions retrouvées spécifie ainsi : « Que Vettia, qui engendra Optata, brûle [...] avec l'amour et le désir pour moi. » Dans le célèbre récit des *Métamorphoses* d'Ovide, Médée, la célèbre magicienne, purifie à trois reprises Éson, père de son époux, afin de lui offrir une nouvelle jeunesse. Après avoir accompli les sacrifices adéquats, elle « fait le tour des autels brûlants et, dans les trous noirs de sang, trempe des torches faites de brindilles qu'elle allume, tout imbibées, sur les deux autels. Elle purifie le vieillard chaque fois à trois reprises, avec du feu, de l'eau, du soufre. Entre-temps, dans un chaudron de bronze placé sur la flamme bout un philtre puissant, qui bouillonne, gonflé de blanche écume » (7, 220-274). Tout un rituel qui résume à lui seul les divers pouvoirs du feu !

L'eau

Contrairement au feu, l'eau n'est pas centrale dans les rites, mais elle se chargeait tout autant de l'intention formulée par les prêtres et les magiciens. Comme le feu, elle était un marqueur de séparation, de limite physique et symbolique, entre pur et impur, mort et vivant, etc.

Selon Varron, savant romain des IIe et Ier siècles avant J.-C., les deux conditions nécessaires à la naissance étaient l'eau et le feu. C'est pourquoi, selon lui, ces éléments étaient utilisés lors des noces, sur le seuil de la maison de l'époux, là où débutaient la création du nouveau foyer et l'union entre le féminin et le masculin.

L'importance de l'eau dans le domaine de l'occulte est également rapportée par de nombreux récits, notamment ceux relatant les faits et gestes de Médée la magicienne. Ainsi, avant d'entamer l'un de ses multiples charmes, prenait-elle soin d'asperger trois fois sa chevelure (Ovide, *Métamorphoses*, 7, 189). L'eau était employée de la même façon sur les choses et les lieux. Elle incarnait la pureté, nettoyant hommes, animaux et objets des mauvaises influences. Elle servait aussi à purifier tous ceux qui se rendaient dans un temple. Les abords de la plupart des édifices religieux possédaient en effet une fontaine où les visiteurs pouvaient se rincer les mains et même les pieds.

C'est aussi l'eau qui permettait d'irriguer les cultures, de nourrir les hommes et, en ce sens, elle était synonyme de vie. D'ailleurs, dans l'ancienne Rome, il était d'usage de priver les exilés d'eau et de feu. Tite-Live rapporte que l'un des principaux insurgés à l'origine de troubles qui se déroulèrent à Rome en 212 avant J.-C. fut condamné à l'exil. On lui interdit l'accès à l'eau et au feu (*Histoire romaine*, 25, 4, 9). Selon Lactance, maître en art oratoire de l'Antiquité tardive, cette privation permettait de donner la mort sans passer par une condamnation par le fer qui aurait pu courroucer les dieux, constituer un sacrilège et porter préjudice à la cité : « [...] si on interdisait l'usage des éléments dont se compose la vie de l'homme, tout se passait comme si celui qui avait fait l'objet de cette sentence avait été puni de mort. Ces deux éléments étaient considérés comme si essentiels que l'on croyait que ni la naissance de l'homme, ni sa vie, ne pouvait être assurées sans eux » (*Institutions divines*, 2, 9, 23-24). Le don ou la privation d'eau et de feu souligne ce qui séparait diamétralement le statut d'exilé de celui de marié : alors que la jeune épouse se voyait offrir eau et feu sur le seuil de sa nouvelle demeure, l'exilé quittait ses proches et son environnement, et nul ne devait plus le recevoir ni lui prêter secours, abris ou repas. C'est sans doute en raison de cette symbolique que les Romains aspergeaient le corps des défunts. L'eau devant leur insuffler la nouvelle vie qu'ils allaient mener dans l'au-delà, elle était signe de métamorphose. Néanmoins, l'eau servait le plus souvent à mélanger et à dissoudre les substances végétales, animales ou minérales des sacrifices.

Les Romains lui prêtaient aussi des pouvoirs guérisseurs, qu'elle provienne de sources ou de rivières. Issue des profondeurs, l'eau était chargée des forces du monde souterrain. C'est pourquoi certains l'utilisaient pour établir leurs pronostics : les recettes de divination consignées sur des papyrus grecs d'Égypte romaine préconisent par exemple d'observer les formes esquissées par les reflets de la lumière sur l'eau. Ces dessins étaient lus comme le marc de café l'est aujourd'hui. L'eau était donc source de vie, vecteur de savoirs, de guérison et de transformation, et porteuse de secrets permettant aussi bien de purifier autrui que de lui nuire.

Les végétaux

Dans les rituels, les végétaux étaient omniprésents ; leurs propriétés étaient bien connues du monde romain. Dès le IIIe siècle avant J.-C., Caton l'Ancien mentionnait plus de 120 plantes médicinales dans son célèbre ouvrage *De l'agriculture*. Au Ier siècle, Dioscoride recensa 500 végétaux et 1 000 remèdes (*Sur la matière médicale*), tandis que le naturaliste Pline l'Ancien y consacra quatre volumes de son encyclopédie (*Histoire naturelle*, XX, XXII, XXIII et XXIV).

Cependant, la limite entre médecine et croyances religieuses ou magiques est longtemps restée floue. Les soins se pratiquaient jadis dans les sanctuaires. Aux époques anciennes, on pensait que les maladies résultaient d'un sacrilège ou d'un geste d'humeur d'un dieu contrarié – une punition divine en quelque sorte. Aussi les cures allaient-elles de pair avec de nombreuses prières et offrandes.

Si la pensée empirique s'est progressivement développée, les croyances ont perduré. En outre, les théories d'Hippocrate (père de la médecine, qui vécut aux Ve et IVe siècles avant J.-C.), associant climat, alimentation et les quatre humeurs du corps (sang, phlegmes, bile jaune et bile noire), laissèrent le champ libre à l'association entre plantes, divinités et planètes. Cette théorie incluait en effet des notions relatives aux quatre éléments (terre, eau, air et feu), aux quatre principes fondamentaux (chaud, froid, sec, humide) et aux quatre saisons… Selon ce principe, toutes les plantes et tous les aliments étaient considérés comme chauds, froids, secs ou humides, et les maladies dites « chaudes » devaient par conséquent être guéries grâce à des plantes « froides ». Par exemple, les prunes, considérées comme des aliments froids et humides, étaient recommandées aux tempéraments chauds et secs, c'est-à-dire aux bilieux et aux colériques. L'observation de la nature et de ses cycles était donc primordiale.

Par ailleurs, la cueillette des végétaux obéissait à des règles fondées sur l'idée que les plantes étaient vivantes et reliées à une ou plusieurs divinités. De ce fait, avant d'en collecter une, il fallait se concilier les dieux et, pour ce faire, accomplir les bons gestes, tels que la délimitation symbolique de la zone de prélèvement et la récitation de prières ou de chants. Ces précautions permettaient de se mettre à l'unisson avec les forces de la nature et de conserver les vertus des plantes.

Racines, fleurs, feuilles, fruits et tiges entraient dans la composition de recettes et accompagnaient les cérémonies. Beaucoup de plantes agissaient sur deux plans : physique et symbolique. C'est le cas de la bétoine, employée tant pour ses vertus curatives que magiques. Les Romains pensaient que sa racine, portée en amulette, était capable de chasser les démons. C'est dans ce contexte que s'est développé un art de manger correctement qui faisait partie intégrante de la médecine romaine héritée d'Hippocrate.

LES INSTRUMENTS DE SORCIÈRE

Plusieurs objets et instruments caractérisent la magie antique. Certains étaient en métal, tels les clous, les aiguilles, etc. D'autres, en revanche, étaient constitués de matériaux périssables, comme la laine, que l'on pouvait nouer.

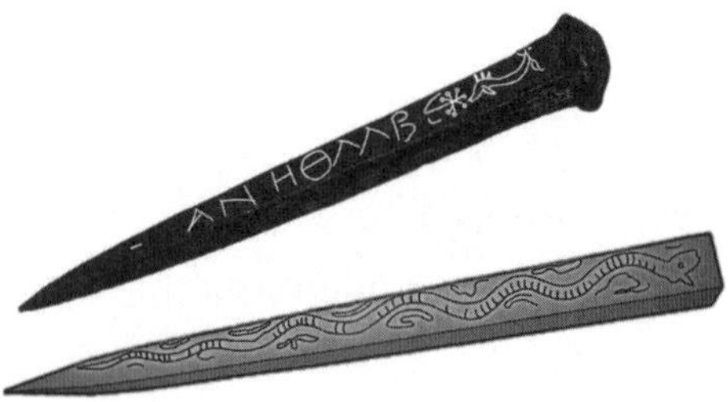

Les clous, les aiguilles, les couteaux et les fils

L'usage rituel du clou intervenait dans le domaine religieux et magique. Il servait en effet aussi bien à se protéger d'autrui qu'à attaquer. Comme nous l'avons vu, en plantant un clou dans le sol ou dans une tombe, les Romains pensaient pouvoir neutraliser les fantômes qui, d'après eux, provoquaient crises d'épilepsie et autres maux.

Par ailleurs, pour envoûter, les magiciens et les magiciennes recourraient aux clous et aux aiguilles afin d'immobiliser leurs victimes par des paroles. Ce parallèle entre le maniement d'objets pointus et les paroles magiques trouve tout son sens avec le verbe *defigere*, « envoûter » au sens figuré. Ce terme latin renvoyait à *fixum* et *fixere*, traduits par « ficher », « enfoncer », « transpercer », ainsi qu'à *figo*, qui, dans des temps plus anciens encore, signifiait « déclarer d'une manière inébranlable ». Dans l'œuvre d'Ovide, *defigere* prend bien un double sens : fixer un nom sur de la cire ou sur une tablette de plomb, et envoûter, immobiliser, métamorphoser. Un papyrus d'Égypte romaine aujourd'hui conservé à la Bibliothèque nationale de Paris et intitulé *Charme étonnant pour lier* fournit un bon exemple d'envoûtement à l'aide d'aiguilles et d'une figurine modelée à l'effigie de la victime :

« Prends de la cire ou de la boue à un tour de potier, façonne deux figurines, l'une mâle, l'autre femelle. La figurine mâle, fais-la comme Hermès armé, brandissant de la main gauche une épée qu'il enfonce dans le cou de l'autre figurine, du côté droit ; quant à celle-ci, les bras liés derrière le dos, à genoux, tu lui attacheras sur la tête ou autour du cou la substance magique (un objet ayant appartenu à la personne à envoûter, ou mieux, des ongles ou des cheveux). Puis, porte des inscriptions sur la figurine de la femme que tu attires : sur sa tête : *iséé Iaô Iôthiôn Néboutosoualéth* ; sur son oreille droite : *ouêr mêchan* ; sur son oreille gauche : *libaba ôimaththo* ; sur le visage : *amounabréô* ; sur son œil droit : *ôromthio aêth* ; sur l'autre : *choboué* ; sur l'épaule droite : *adéta mérou* ; sur le bras droit : *éné psa énésgraph* ; sur l'autre : *melchiou melchiéda* ; sur les mains : *melchamelchou aêl* ; sur la poitrine le nom de la femme que tu attires et celui de sa mère ; sur le cœur : *Balamin Thôouth* ; au bas du ventre : *aobês aôbar* ; sur le sexe : *blichianéoi ouôia* ; sur les fesses : *pissadra* ; sur la plante du pied droit : *élô* ; sur l'autre : *élôaioé*. Prends treize aiguilles de bronze, enfonces-en une dans son cerveau en disant : "Je te perce le cerveau à toi, unetelle" ; enfonces-en deux dans ses oreilles, deux dans ses yeux, une dans sa bouche, deux entre ses côtes, une dans ses mains, deux dans son sexe, deux dans les plantes de ses pieds, et à chaque fois, dis : "Je te perce telle partie à toi, unetelle, pour que tu ne te souviennes de personne sauf de moi, untel." Ensuite, attache aux figurines, avec un fil de toile, après y avoir fait trois cent soixante-cinq nœuds, en disant comme tu l'as appris : "Abrasax, prends possession." Puis, au soleil couchant, dépose l'ensemble près de la tombe d'un mort prématuré ou victime d'une mort violente ; dépose aussi des fleurs de la saison. Voici maintenant la formule à écrire et à réciter : "Je dépose auprès de vous cet envoûtement des dieux…" » (*Papyri Graecae Magicae*, IV, 296-466, Betz, 1986, p. 44-47).

Les gestes rituels préconisés sur ce papyrus ont vraisemblablement été suivis par de nombreux adeptes. Dans une galerie du musée du Louvre, on peut en effet voir un ensemble magique provenant de l'ancienne cité d'Antinoupolis, en Égypte. Parmi les objets découverts par les archéologues, l'un consiste en une figurine fichée de douze épingles accompagnée par une tablette de *defixio*. Ce genre de figurines se rencontre aussi sur des sites archéologiques fouillés en France, en Italie ou en Allemagne, ce qui suggère que de nombreux magiciens parcouraient les routes de l'Empire romain.

Dans certains cas, les figurines pouvaient être découpées avec un couteau mais, plus généralement, cet instrument était celui des sacrifices, tant magiques que religieux. C'est avec lui que l'on divisait les repas de cérémonie, partage qui redéfinissait le statut de chacun (divinité, mort, vivant, parent, enfant...).

Comme nous l'avons vu plus tôt, chez les Grecs, dont les connaissances ont profondément influencé la magie romaine, l'action d'envoûter se traduisait par *katadein*, qui signifiait « lier vers le bas », « tenir immobile », « attacher ». Comme *defigere*, *katadein* prend deux définitions : attacher au sens propre, et immobiliser au sens figuré. C'est ce que montre un papyrus découvert en

Égypte : « Ensuite, prends une tablette en plomb, écris et récite ces mêmes formules. Attache la tablette aux figurines avec un fil de métier à tisser et, après avoir fait 365 nœuds et récité la formule que tu as apprise : “Abraxas, tiens-la”, dépose le tout au coucher du soleil, près de la tombe d’un mort prématuré ou d’un assassiné, avec des fleurs de saison » (*Papyri Graecae Magicae*, IV, 330-334, Betz, 1992, p. 44). En Grèce comme dans le monde romain, envoûter consistait à vouer aux Enfers par le biais de rites. Enclouage et ligature étaient bien entendu interchangeables. Lorsque ces deux actions étaient associées, elles conféraient plus d’efficacité à l’envoûtement. Ainsi, les actions de lier et de nouer se retrouvent dans un rite d’enchaînement dépeint par Virgile : « Je commence par enrouler trois fois autour de toi chacun de ces fils teints de trois couleurs différentes, et trois fois, autour de cet autel, je promène ton image » (*Bucoliques*, 8, 73 sq.).

Le chaudron

Instrument de cuisine et de sacrifice, le chaudron apparaît généralement sur le foyer, tant domestique que liturgique. Bien entendu, il est aussi présent dans la magie. Dans les *Épodes*, Horace décrit deux sorcières préparant une bouillie de plumes de chouette et d’œufs de grenouille, le tout mijoté dans un chaudron (*Épodes*, V, 15-25).

Si les textes littéraires fiables sont rares, l'archéologie a validé l'utilisation du chaudron dans les rites. À Rome, un chaudron a ainsi été mis au jour dans une fontaine de la fin de l'Antiquité consacrée à la déesse Anna Perenna. L'objet faisait partie d'un ensemble composé de textes de malédictions, de figurines d'envoûtement et de nombreux autres vestiges. La découverte suggère que les philtres étaient préparés sur place. Elle fait par ailleurs écho aux papyrus grecs magiques d'Égypte romaine préconisant de cuisiner des ingrédients réunis pour les rituels.

Malgré tout, les marmites et autres chaudrons pouvaient évidemment remplir diverses fonctions (domestiques, religieuses, médicinales…) et la plupart n'étaient pas forcément destinés à des usages occultes. Il reste cependant limpide qu'ils étaient un vecteur de transformation, tout comme les rites ou l'eau et le feu, qui devaient métamorphoser autrui ou quelque chose.

Le rhombe ou « rouet magique »

C'est au rhombe, petite pièce de bois ou de métal ronde ou quadrangulaire et associée à un double cordon, que la littérature des Grecs et des Romains allouait des pouvoirs extraordinaires.

Des pouvoirs impressionnants pour une utilisation simple ; il suffisait en effet de faire tournoyer l'instrument pour produire une sonorité. Plus le tournoiement était rapide, plus le son était aigu, sifflant. Sous la plume d'Ovide, les sorcières « savantes dans les arts magiques et dans les incantations » connaissaient les vertus « des fils qui s'enroulent au rhombe » (*Amours*, I, 8). Dans l'œuvre de Lucien de Samosate, le rhombe tournoie à toute vitesse et accompagne les incantations

(*Dialogues des hétaïres*, IV, 18-21). Chez le poète Properce, les sorcières faisaient aussi « tourner les rhombes sous les paroles magiques » (*Élégies*, II, 28B, 35-37). Dans leurs mains, l'instrument enroulait l'amant désiré dans le fil magique et menait sa volonté (*Ibid.*, IV, 25-30).

Incantations, intentions, fils… et rhombe, instrument que l'on retrouve aujourd'hui encore sous d'autres latitudes et dont le maniement produit un son par frottement avec le vent. Une sonorité mystérieuse, comme celle du vent, du tonnerre ; une sonorité reliant monde terrestre et autres mondes ; une sonorité qui, dans l'imaginaire gréco-romain, était aussi puissante que les incantations magiques.

Les rites associaient souvent l'emploi du rhombe à la Lune, à laquelle magiciens et magiciennes s'adressaient volontiers. Le caractère nocturne de l'astre et ses liens avec les marées, la croissance des plantes et le cycle féminin en faisait une puissance privilégiée. Dans un des papyrus d'Égypte retrouvés, il est préconisé de l'invoquer au début de son cycle, lorsque les ténèbres recouvrent encore la lumière… Moment idéal pour obtenir gain de cause, en la menaçant de bloquer son cycle naturel et de l'abandonner à l'ombre. Pur chantage reposant sur le parallèle entre mouvement des astres et tournoiement du rhombe qui, dans ce cas-là, menaçait plutôt de rester immobile. Ainsi l'instrument d'attention et de volonté était-il relié aux puissances de l'Univers que toute sorcière et tout sorcier devait connaître, observer et maîtriser. Il exprimait l'action, l'impact des mots, des sons, des intentions sur l'Univers, même si les rites étaient souvent orientés vers des aspirations purement terrestres (retour d'un amant, de la fortune...).

III

—

COMMENT SE PROTÉGER EN S'INSPIRANT DES RITES DE TRADITIONS ROMAINES

Pour se prémunir des coups du sort, les Romains s'entouraient d'objets qui garantissaient leur sécurité physique et psychique. Beaucoup servaient à protéger les habitations, le bétail, les champs, les temples, les villages, les villes, etc. On les désigne par le terme « amulette », du latin *amuletum*, issu du verbe *amoliri* signifiant « éloigner ». Le mot regroupait de nombreux objets et matériaux naturels : végétaux, minéraux, fossiles, symboles sous forme de bijoux, de peintures murales, etc. L'amulette pouvait également correspondre à un geste ou à une incantation. Toutes les amulettes étaient en tout cas censées repousser les maladies, les maléfices et les calamités naturelles.

Certains distinguent volontiers les amulettes des talismans. En effet, le terme « talisman », du grec ancien *telesma*, signifie « rite religieux ». Il renvoie généralement aux inscriptions magiques gravées sur un support de petite taille, c'est-à-dire à des abrasax, petits objets en matière minérale sur lesquels apparaissent des formules, des mots écrits à l'aide d'un alphabet magique, et des images de divinités entourées de symboles. Mais que l'on ait affaire à une amulette ou à un talisman, la fonction est la même, à savoir : protéger leur propriétaire.

Ces objets nécessitaient d'être « chargés » d'une intention. Pour ce faire, certains détenteurs purifiaient l'item, entonnaient des incantations, récitaient une prière ou accomplissaient un sacrifice pour s'assurer le concours des puissances divines.

Aujourd'hui, ces objets peuvent être utilisés pour apporter de la confiance et un sentiment de protection. Ils doivent bien entendu être porteurs d'une intention, matérialiser des aspirations telles que la sérénité, la sécurité ou la chance. Par attraction, ils doivent stimuler l'accomplissement des bienfaits attendus et accroître une immunité vibratoire.

Comme par le passé, de nombreux éléments peuvent engendrer des peurs, des inquiétudes, un stress ou une anxiété. Les Anciens considéraient les malheurs et les maladies comme la cause du mauvais œil et de la jalousie d'autrui. Ainsi, selon Pline l'Ancien, les influences néfastes venaient d'œillades nocives (*Histoires naturelles*, VII, 2, 8). De nombreux symboles hérités de l'Antiquité romaine peuvent être utilisés de nos jours : bijoux en forme d'œil, corne d'abondance, végétaux… Tous doivent permettre de rétablir un équilibre entre émotions et pensée. Par conséquent, ce n'est pas un hasard si les portraits représentent les symboles protecteurs au niveau du plexus solaire, là où se fait et se défait l'équilibre entre corps, âme et esprit. C'est le cas de Minerve qui, en guerrière prête à se défendre, arbore sur sa cuirasse un médaillon figurant une tête de Gorgone, créature qui pétrifiait les ennemis par son seul regard.

SYMBOLES POUR ATTIRER LA PROTECTION : POURQUOI ET COMMENT LES UTILISER

L'œil

Pour se protéger du mauvais œil, rien de plus simple que de porter le symbole de l'œil. De nos jours, il est facile de s'en procurer sous forme de goutte de verre, accessoire très populaire en Grèce et en Turquie.

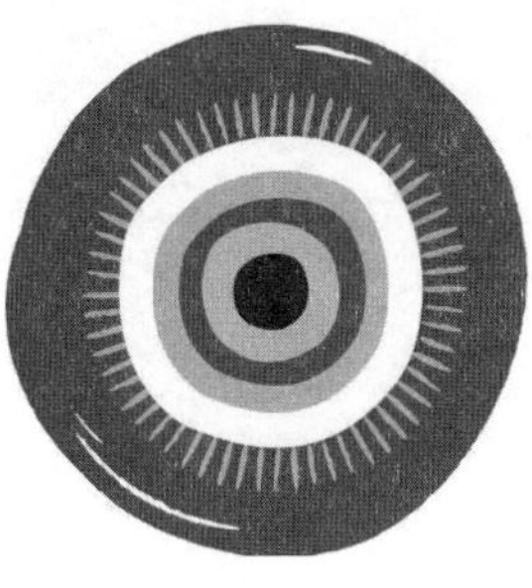

Selon sa taille, il peut être gardé sur soi, suspendu dans une demeure ou accroché à un véhicule. Pour les Romains, son efficacité résidait dans sa capacité à attirer sur lui les regards jaloux – « œil pour œil » –, renvoyant les mauvaises vibrations à leur expéditeur. Il était d'ailleurs fréquent que le mal soit incarné par un œil. Un symbole à double sens donc, décorant certaines demeures et bâtiments (mosaïques, bas-reliefs…), terrassé par un arsenal de signes protecteurs, tantôt des glaives et des chouettes, tantôt des scorpions et des poignards…

Lorsque l'œil se brise, cela signifie qu'il a rempli sa fonction, qu'il a attiré sur lui le mauvais regard et ses influences néfastes en lieu et place de son propriétaire. En le portant, on aspire à la sérénité et à se défaire des influences négatives portées par autrui, consciemment ou inconsciemment. Il est parfait pour les personnalités sensibles à leur environnement.

Le scorpion

Avec son dard, le scorpion passait pour un remède efficace contre le mauvais œil, et ce, à l'instar de certains animaux dotés de proéminences pointues, comme les oiseaux à long bec (voir la figure précédente). Si plusieurs représentations incluent le scorpion dans un bestiaire s'attaquant à un mauvais œil, d'autres le font figurer sur de petites amulettes, et plus particulièrement sur les intailles destinées à protéger la santé de leur propriétaire. Les traités d'astrologie de l'époque faisant correspondre le zodiaque aux parties du corps humain et le scorpion aux organes génitaux, ces objets devaient matérialiser des espoirs de fertilité et de santé. En ce sens, cet animal symbolise le contrôle des forces intérieures et des pulsions. Sa représentation – objet, bijoux ou image – peut soutenir la volonté de contrôler sa force intérieure. Le scorpion peut également stimuler le dépassement de sa propre jalousie, de ses frustrations et leur transformation en énergie d'action et de création. Enfin, il reste un symbole puissant de protection contre la jalousie des autres.

Le clou

Selon les Romains, les clous bloquaient le mal, les souffrances provoquées par des entités porteuses d'énergies néfastes. Comme nous l'avons vu plus tôt, en plantant un clou dans le sol, les Romains maîtrisaient, paralysaient les mauvaises influences et les fantômes (voir p. 45, « Les clous, les aiguilles, les couteaux et les fils »). Si les rites décrits par les historiens latins témoignent de l'importance de cet objet, son nom même porte le sens de son action protectrice ! En latin, *clavus* signifiait à la fois « clef » et « clou », et se rattachait au verbe *claudo*, traduit par « fermer », « enclore » et « serrure ». Autrement dit, planter un clou revenait à enfermer quelque chose à clef ! La croyance a d'ailleurs perduré pendant des siècles. En France, certains fichaient des clous de cercueil dans la porte de leur foyer pour empêcher qu'une personne mal intentionnée ne leur jette un sort.

Aujourd'hui, les clous sont toujours utilisés pour se protéger. Pour ce faire, il suffit d'enfouir, devant sa maison ou dans un pot de fleurs, une petite boîte remplie de clous. Au moment d'enterrer les clous, il faut réaliser tous les gestes en conscience, en pensant aux raisons qui motivent l'acte. Le rappel des traditions héritées du passé antique et de l'étymologie du terme « clou »/*clavus* peut également accompagner le geste pour lui donner plus de profondeur, une plus grande résonnance. On peut aussi conserver un clou dans la poche droite d'un vêtement en guise d'amulette.

Le nœud et l'anneau

Si le nœud était particulièrement apprécié en matière de charmes amoureux, il servait aussi à se prémunir des maux. À Chypre et en Grèce, notamment à Athènes, les femmes et les jeunes garçons portaient des cordelettes à nœuds et des cordons en guise d'amulettes. Comme d'autres symboles, le nœud était ambigu, pouvant contraindre autrui comme le libérer.

On en comprend mieux la valeur à partir des coutumes liées aux anneaux, auxquels il était volontiers comparé. À Rome, il était interdit au *Flamen Dialis* (prêtre de Jupiter) de porter un anneau pendant les cérémonies religieuses. On craignait que sa présence entrave les rituels. La tradition préconisait aussi de défaire les mourants de leurs bagues afin que leur âme se détache sereinement de leur corps. En revanche, les dormeurs devaient absolument les garder sur eux pour que leur âme ne s'échappe pas accidentellement. En somme, cet objet évitait les voyages hors du corps jugés dangereux.

L'anneau symbolisait par ailleurs la fidélité des jeunes épouses. Le bijou (*anulus pronubus*) leur était remis par leur père afin de sceller les fiançailles, tout comme les magiciennes nouaient les liens de Vénus pour attacher à elles leur amant à jamais. D'après certains témoignages, les cordes des pendus servaient parfois aux opérations de magie et guérissaient les malades.

Le nœud, quant à lui, se rencontre dans une recette conservée sur un papyrus grec d'Égypte du IIIe ou IVe siècle. Il s'agit d'un charme libérateur préconisant de réciter une formule pour chaque nœud réalisé sur la corde d'une bourse. La procédure devait permettre de juguler les inflammations des testicules. En s'inspirant de ces usages, on peut utiliser un cordon pour symboliser un projet et y nouer en conscience autant de nœuds que de potentiels obstacles. Une fois l'ensemble achevé, il suffit de souffler sur un nœud et de le défaire à chaque fois que se présente une difficulté. Le rituel offre la possibilité de se distancier de ses émotions.

Le génie à tête de coq

De nombreux bijoux faisaient apparaître un être à tête de coq, doté de jambes en forme de serpents, portant un fouet, un bouclier et une cuirasse. Si cette figure, souvent désignée comme étant Abrasax, ne correspond à aucune divinité du panthéon classique, elle incarne de façon évidente une double nature : céleste avec le coq, et chtonienne, souterraine, avec les serpents. Cette qualité en faisait le medium idéal pour la communication entre les différents mondes, entre les humains et le divin. Avec son bouclier portant souvent le nom *Iaô*, ce génie renvoie à la protection suprême et en tout domaine. *Iaô* désigne en effet le dieu juif, tandis que le bouclier fait référence à la Bible, selon laquelle Dieu est le bouclier de l'homme.

Ce génie peut donc servir d'amulette ou d'inspiration pour trouver l'équilibre entre âme et corps. Il est assez facile de concevoir son effigie soi-même. Il suffit de dessiner le génie sur une feuille de papier, tout en prenant conscience de la valeur symbolique de chacun de ses composants (serpent, bouclier, tête de coq) et en formulant silencieusement son souhait de protection.

Pour donner plus de force au rituel, il est préférable de broder la figure sur une petite pièce de tissu clair. Le travail pourra être interrompu, mais chaque étape nécessitera le plus grand calme. Enfin, l'amulette devra être protégée dans une enveloppe en papier ou en tissu avant d'être portée sur soi ou rangée précieusement.

La corne d'abondance

En Italie, et plus particulièrement dans le sud, l'amulette nommée *cornicello* ou *curniciello* est fréquemment portée.

Cet objet en forme de piment rouge stylisé puise ses origines dans l'Antiquité, puisqu'il s'agit de la corne d'abondance, sorte de corbeille conique d'où sortent de nombreux fruits et autres aliments. En latin, elle était désignée par le terme *cornucopia*, de *cornu* (« corne ») et de *copiae* (« abondance »). Elle est un symbole de fertilité et de prospérité, et est souvent associée à des divinités, notamment Fortune ou Abondance, personnifications de la prospérité et de l'opulence. L'objet représentait donc tous les espoirs possibles dans le monde terrestre : richesse, fécondité… Il servait également à se prémunir du mauvais œil.

Au Moyen Âge, la corne connut un franc succès, surtout à Naples, auprès des femmes enceintes désireuses de protéger leur enfant. À cette époque, on créait des pendentifs en forme de corne à partir de fragments de coraux. Le choix s'inspirait non seulement de la forme courbe des coraux, mais aussi de leur couleur rappelant le sang, le feu et le vin – des symboles de vie.

Il est dit que l'objet est efficace uniquement s'il est offert, l'habitude voulant qu'il soit remis à l'occasion des noces ou d'une naissance. Plus globalement, le choix de l'objet peut accompagner les démarches menées pour atteindre des objectifs en lien avec la prospérité et la sécurité financière.

De nos jours, le corail n'étant plus prélevé, d'autres matériaux l'ont remplacé avec succès, notamment l'or, le vermeil, la pâte de verre, l'os, etc. Au domicile, le symbole peut être présent sous la forme d'une corbeille ou d'une coupe toujours remplie de fruits de saison : cerises, noix, amandes, pommes, raisin… Tableaux et images la représentant conviennent également.

Faire les cornes et faire la figue

À Rome, quiconque voulait ridiculiser quelqu'un lui « faisait les cornes ». Il suffisait de relever l'index et l'auriculaire et de maintenir le pouce appuyé sur le majeur et l'annulaire. Aujourd'hui, le geste est bien connu dans le sud de l'Italie et en Sicile. Là-bas, plus qu'un signe de mépris, c'est une conjuration dont l'origine est ancienne. Si en Grèce faire les cornes était étroitement associé à l'infidélité, à Rome, le geste servait à repousser la malchance et tout potentiel ennui causé par quelqu'un d'autre.

En somme, le geste, index et auriculaire pointés vers le bas comme deux clous plantés au sol, éloigne le mauvais sort. Il est relativement facile de trouver de petits objets qui évoquent ce geste. En général, ce sont des porte-clefs ou des gadgets peu coûteux.

Le geste est proche de celui qui consiste à « faire la figue » en passant le pouce entre l'index et le majeur, poing fermé. Les anciens Romains parlaient alors de *mano fica*, qui est à l'origine du doigt d'honneur. Si de nombreux auteurs latins qualifiaient le doigt médian « d'impudique » ou « d'infâme », le geste contrait aussi le mauvais œil. À l'occasion des *Lemuria* célébrées chaque année, les Romains chassaient les fantômes (lémures) de chez eux en faisant la *mano fica* avant de claquer des doigts.

Aujourd'hui, certains conjurent le sort en s'exécutant poing dans la poche. Geste d'affirmation, de vigilance… À ce titre, les chercheurs en histoire ancienne le comparent volontiers au *fascinum* (de *fascinere*, « jeter un sort »), c'est-à-dire au phallus conjuratoire. Il existait en effet des amulettes phalliques (pendentifs, pendeloques, bas-reliefs, peintures murales…). Le symbole protégeait aussi bien les personnes que les animaux et les édifices. En se promenant dans les allées de Pompéi, on peut facilement trouver ce genre de représentations.

La *mano fica* convient parfaitement aux situations qui paraissent présenter un danger. Elle est en ce sens apaisante avant toute chose, conférant la force nécessaire pour dépasser un moment de peur et se libérer d'une inquiétude. Au Brésil, les objets la représentant sont très populaires. Considérés comme porte-chance, ils sont étroitement liés à l'histoire du pays et surtout à l'abolition de l'esclavage. Ceux qui échappaient à l'asservissement forcé recevaient une *mano fica*. C'est effectivement le signe d'une possibilité de vivre enfin libre, condition qui n'a pas de prix !

L'armoise arborescente

Ce petit arbuste persistant est apprécié pour ses feuilles, dont on peut faire une infusion ou que l'on peut associer à du thé à la menthe. On boit l'armoise plus particulièrement en hiver pour se réchauffer. Chez les Romains, sa présence dans la maison chassait démons et mauvais œil. On peut en planter à l'extérieur ou en conserver un petit rameau à l'intérieur de son domicile. Elle pourra contribuer à éloigner les influences nocives, froides et contraires à la chaleur du foyer.

La scille sauvage

Les végétaux de ce type, comme la scille à deux feuilles (*Scilla bifolia*), étaient également utilisés par les Romains pour protéger leur foyer. Ils les suspendaient aux linteaux ou les plantaient devant leur porte pour détourner les maléfices. Aujourd'hui, ce végétal peut être utilisé dans le même but. Il suffit de faire sécher quelques fleurs et de les conserver en guise d'amulette. Un rituel peut également accompagner cette création. Pour cela, il faut allumer une bougie, faire brûler de l'encens et placer les fleurs séchées dans une aumônière ou un autre petit contenant en tissu. Tout en nouant le sachet avec un cordon, il convient de prononcer la formule suivante : « Scille, tout comme je noue ce sac, je garde en moi la confiance. Apporte-moi la sécurité. » À la fin du rituel, le sachet devra être soigneusement rangé.

La joubarbe des toits

Chez les Romains, la joubarbe des toits était considérée comme magique. Selon Dioscoride, cette plante grasse, dont le nom vient de « barbe de Jupiter » (*jovis barba*), chassait le mal grâce à sa rosette en forme d'œil. Certains la nommaient d'ailleurs « œil de Jupiter ». D'après Pline, elle s'appelait parfois « petit doigt » (*digitellus*) en raison de sa hampe florale évoquant une main faisant les cornes ou la figue (voir p. 83). Associée à Jupiter, maître de la foudre, les Romains pensaient qu'elle pouvait détourner les éclairs de leur habitation. À ce titre, certains en plantaient sur leur toit.

Par ailleurs, comme il s'agit d'un végétal demeurant vert quelle que soit la saison, la joubarbe incarnait la force physique, l'endurance et la ténacité. Dans les récits mythologiques, elle assurait la vie éternelle à ceux qui la consommaient. Aujourd'hui, facile à trouver dans le commerce et à cultiver dans un jardin, sur un mur ou sur le rebord d'une fenêtre, la joubarbe reste une plante liée à la chance et à la longévité. La contempler et en prendre soin permet de s'ancrer dans l'instant présent. Avec sa pulpe généreuse, ses couleurs vertes, jaunes, rosées, et son élégance, elle tend à communiquer une forme d'énergie joyeuse, une énergie liée à Jupiter, divinité porteuse de lumière céleste.

La bétoine

Selon Pline l'Ancien, semer de la bétoine chez soi assurait la protection du foyer. C'était une plante très estimée, considérée comme une panacée. Les Romains y recouraient pour se soigner, mais ils se protégeaient surtout des démons et des sortilèges grâce à sa racine. Pour cela, ils en prélevaient une, la nettoyaient, la faisaient sécher et la gardaient sur eux. Le rituel peut être reproduit de nos jours avec le même objectif.

Le houx

Le houx incarnait la vie éternelle, l'espoir, le bonheur et la prospérité. Les Romains en avaient fait un végétal efficace contre les mauvaises influences et les coups du sort. C'est pourquoi ils en plantaient devant chez eux. Pline l'Ancien rapportait que, devant une maison de ville ou de campagne, le houx préservait des maléfices (*Histoires naturelles*, XXIV, 72.1).

Il était aussi présent pendant les fêtes entourant le solstice d'hiver. Les Romains en ornaient non seulement les maisons, mais également le seuil des portes, les passages et les limites. Le houx accompagnait la période de l'année pendant laquelle était honoré le dieu solaire triomphant, *Sol Invictus*, qui incarnait la renaissance et la clarté. Aujourd'hui, pour célébrer cette période de solstice en décembre, il est conseillé de décorer sa demeure de quelques brins de houx. Le geste accompagnera des meilleurs souhaits la nouvelle année. En outre, comme il est associé au retour de la lumière, il peut aussi servir de protection contre tout ce qui relève des ténèbres.

Le cyclamen

Pour les Romains, le cyclamen était une plante efficace contre le mal. Il était si populaire qu'il était volontiers nommé « amulette ». L'explication vient de son nom même, provenant du grec *kuklos*, c'est-à-dire « cercle », ce qui renvoie à la magie des nœuds et des anneaux (voir p. 77). C'est pourquoi, aujourd'hui, dans le langage des fleurs, il est synonyme d'attachement puissant et impérissable. Sa présence permet de se souvenir de ses aspirations en matière d'affection, qu'il s'agisse d'amour ou d'amitié, et d'agir en ce sens. Évoquant les saisons (« cycles »), il apporte du réconfort lors des changements et des transformations (déménagement, changement d'activité...).

La potentille

Cette fleur tire son nom de *potens*, qui signifie « pouvoir » en latin. Les Romains lui allouaient de nombreuses qualités, tant médicinales que magiques. Ils l'associaient également au dieu Mercure. À ce titre, elle servait d'intermédiaire entre les humains et les dieux au cours des rituels. Néanmoins, elle était plus généralement portée en amulette afin de contrer les vols et de faciliter les voyages. On peut recourir à son aide pour faciliter les rêves prémonitoires et aiguiser son intuition. Il est généralement conseillé d'en favoriser la présence au jardin ou sur le balcon. La contemplation de ce végétal permet de s'apaiser, voire d'être à l'écoute de ce qui relève des plans subtils.

Le chêne

Du fait de sa longévité, le chêne est de bon augure. Les Romains l'appelaient d'ailleurs *robur*, de *robustus*, « robuste ». C'est à partir de son bois qu'avait été façonnée la massue d'Hercule. Ses feuilles étaient portées par les champions et les guerriers. Ses rameaux étaient quant à eux l'insigne des empereurs victorieux à l'issue de leurs campagnes militaires. La coutume venait de traditions plus anciennes qui liaient étroitement chêne et souveraineté. L'arbre revêtait également une fonction oraculaire, tant à Rome qu'en Grèce ou en Gaule. Aujourd'hui, une feuille, un petit bout d'écorce ou un gland peuvent servir d'amulettes et appeler des qualités telles que le courage, la persévérance et la volonté.

Le gui

Persistant, avec ses feuilles résistant à l'hiver, le gui symbolisait l'immortalité et le renouveau. C'était le végétal de début d'année qui était suspendu au-dessus des portes des demeures pour accueillir une nouvelle année pleine de promesses. Les Romains l'associaient également à Saturne, fêté tous les ans au moment des Saturnales (*Saturnalia*), juste avant le solstice d'hiver. On en formait un « rameau d'or », dont les feuilles recueillaient le nouvel éclat solaire. Dans l'*Énéide*, Énée, ancêtre mythique du peuple romain, s'empare du « rameau » pour sortir des Enfers (Virgile, *Énéide*, VI, 205). Survivant à l'hiver et incarnant le retour de la lumière, le gui était un puissant symbole de protection. D'ailleurs, selon Théophraste, savant grec des IIIe et IVe siècles avant J.-C., il permettait de guérir l'épilepsie.

Pour attirer les énergies positives transmises par le gui, il faut l'accrocher à la porte de son habitation. Placé sur la cheminée, il chasse les ondes néfastes. Mais c'est surtout au moment des fêtes de fin d'année qu'il prend tout son sens, ou lorsqu'un nouveau projet se met en œuvre. Il tend non seulement à placer ces événements sous de bons auspices, mais aussi à apporter le courage nécessaire pour affronter les changements.

Le cristal de roche

Pour les Romains, le cristal de roche était une pierre précieuse que les plus fortunés n'hésitaient pas acquérir à des prix très élevés. La popularité de cette pierre reposait aussi sur les propriétés médicinales que certains lui prêtaient. Selon Pline, c'était un excellent cicatrisant lorsqu'il était traversé par les rayons du soleil. Cet usage trouve son explication dans la croyance selon laquelle le cristal de roche résultait de la solidification de la lumière.

Par ailleurs, le terme « cristal », *krystallos* en grec ancien, issu de *kryos*, se traduit par « froid glacial ». En raison de sa nature lumineuse, solide, froide et glacée, de nombreux Romains pensaient qu'il permettait de traverser sans encombre le fleuve de feu conduisant aux Enfers. Le cristal de roche était donc associé au voyage dans l'au-delà. Souvent offert aux dieux sous forme d'intailles ou de bagues, c'était un medium permettant d'entrer en contact avec d'autres plans, d'autres mondes. C'est pour cette raison qu'il est devenu un minéral apprécié des devins, qui l'employaient sous la forme d'une sphère polie (*cristallum orbis*). Le cristal de roche passe souvent pour un élément purificateur, pouvant stimuler la circulation des énergies stagnantes et ainsi augmenter le taux vibratoire d'une personne, d'un animal ou d'un lieu. En ce sens, il peut prendre la forme d'un symbole, d'une amulette amenant à travailler son intuition et à s'y fier. Il peut aussi accompagner des séances de méditation et les fêtes liées au printemps. Par son aspect purificateur et lumineux, il peut également servir de support pour se débarrasser de ses idées noires et des mauvaises énergies.

IV

—

TENDRE VERS L'HARMONIE EN S'INSPIRANT DU CYCLE DES SAISONS

LE CALENDRIER

Au fil du temps, les Romains ont utilisé différents calendriers. Les plus anciens se fondaient sur un découpage du temps déjà en usage chez les Grecs et les Étrusques, mais avec un décompte des années articulé autour de dates liées à la fondation de Rome. À ses débuts, la vie de la cité s'organisait à partir d'un calendrier lunaire avec des années de 304 jours, découpées en 10 mois. Ce calendrier débutant en mars fut enrichi de mois intercalaires, ce qui permit de relier la partition du temps avec l'année solaire. Plus tard, le calendrier compta 355 jours et 12 mois de 29 ou 31 jours. Ce n'est que sous Jules César, conseillé par un astronome d'Alexandrie, en 46 avant notre ère, que les années inclurent 365 jours. Ce nouveau calendrier correspond à celui que nous nommons « calendrier julien », avec le 1er janvier pour premier jour de l'an. Les mois étaient divisés en trois périodes séparées par trois repères, à savoir, les calendes (*calendae*) – le premier jour du mois –, les nones (*nonae*) – le cinquième ou le septième jour après les calendes –, et les ides (*idus*) – le huitième jour après les nones.

Les noms donnés aux mois ont des origines différentes, certains se référant aux calendriers archaïques et d'autres à des divinités, des rituels, etc.

- Janvier : se rapporte à Janus, dieu à deux visages opposés et présidant aux portes, passages et commencements.
- Février : dérive de *febrarius*, du verbe *februare*, qui signifie « purifier ». C'était, comme son nom l'indique, le mois des purifications.
- Mars : est associé à Mars, dieu de la guerre. Au terme d'une trêve hivernale, ce mois marquait le retour de la période des campagnes militaires.
- Avril : issu de *aprilis*, qui se traduirait par « ouvrir ». Ce mois coïncidait avec la période de floraison.
- Mai : se rapporte à Maïa, déesse de la fertilité et du printemps, mère de Mercure.
- Juin : renvoie à *junius*, nom lié à Junon, considérée comme la reine des dieux, protectrice du mariage et de la fécondité.
- Juillet : signifie « mois de Jules », c'est-à-dire de Jules César.

- Août : dérive de *augustus*, « consacré par les augures », les augures étant les prêtres qui interprétaient les phénomènes naturels considérés comme des présages.
- Septembre : issu de *septem* et de *mensis*, il signifie « septième mois de l'année » à compter du mois de mars.
- Octobre : se rapporte à *octo* (« huit ») et correspond au huitième mois de l'année à partir de mars.
- Novembre : vient de *novem* (« neuf ») et renvoie au neuvième mois de l'année à partir de mars.
- Décembre : se rapporte à *decem* (« dix »), signifie dixième mois de l'année à partir de mars.

En somme, il existait deux calendriers principaux : l'un d'ordre civique et l'autre directement associé aux phénomènes naturels. Le calendrier civique était lié à l'organisation du cadre de vie, au statut de chacun et aux étapes de l'existence. Ainsi, les bornes et les limites, les morts ou encore certains passages étaient célébrés. Par exemple, au cours des *Liberalia*, les jeunes citoyens âgés d'une quinzaine d'années changeaient de statut et se voyaient remettre la toge signifiant la fin de l'enfance. C'est à ce moment qu'ils abandonnaient la *bulla*, amulette protectrice des plus jeunes. Certaines célébrations étaient particulièrement importantes ou se superposaient à d'autres. Ainsi la période des *Liberalia* correspondait-elle aux fêtes du printemps.

Le calendrier naturel, lui, avait été établi à partir de l'observation des cycles saisonniers et du mouvement des astres – notamment des levers et couchers des signes zodiacaux ainsi que des solstices et des équinoxes. Le solstice, du latin *solstitium*, composé de *sol* (« soleil ») et de *stare* (« s'arrêter »), désigne les deux moments de l'année où le Soleil atteint le point le plus éloigné du plan de l'équateur. De fait, dans l'hémisphère nord, le solstice d'été marque le jour le plus long de l'année, aux alentours du 21 juin, et le solstice d'hiver, la plus longue nuit, vers le 21 décembre. L'équinoxe – de *aequus* (« égal ») et *nox/noctis* (« nuit ») –, renvoie quant à lui aux périodes de l'année où les durées du jour et de la nuit sont égales. Le premier équinoxe se produit vers le 21 mars et le deuxième vers le 22 septembre, dates associées au début du printemps et de l'automne. Les fêtes romaines qui s'articulaient autour de ces événements astronomiques rappellent l'appartenance des humains à l'Univers, à la nature. Pour les Romains, le calendrier naturel traduisait une loi divine déterminant les cycles des saisons et les activités agricoles. Si, au fil des siècles, d'autres décomptes du temps ont pris le pas, ce calendrier naturel a continué à régenter la vie quotidienne, notamment dans le monde rural, agraire.

LES CÉLÉBRATIONS SAISONNIÈRES : UNE VOIE D'ANCRAGE

Parmi les fêtes à célébrer, on comptera les périodes de solstice et d'équinoxe, et d'autres moments clefs. On veillera à vérifier les dates chaque année. Les jours de célébration se caleront sur ces moments très précis de l'année solaire, héritage d'une civilisation dépendante de l'agriculture, de l'élevage et des rythmes saisonniers.

- Le début du printemps (autour du 7 février).
- L'équinoxe de printemps (autour du 21 mars).
- Le début de l'été (autour du 9 mai).
- Le solstice d'été (autour du 21 juin).
- Le début de l'automne (autour du 11 août).
- L'équinoxe d'automne (autour du 23 septembre).

- Le début de l'hiver (autour du 10 novembre).
- Le solstice d'hiver (autour du 21 décembre).

D'autres fêtes seront quant à elles consacrées aux ancêtres, à la purification et à la protection. Ces rituels sont toujours indispensables pour ceux et celles qui désirent renouer avec les cycles de la nature, être en harmonie avec ces énergies et les âges de la vie. Tout comme aujourd'hui, leur finalité première était de marquer les changements, saisonniers ou autres, soit par des rituels, soit par des activités domestiques précises, comme le nettoyage de printemps. Le but de cette ronde de fêtes est donc de libérer les énergies, de les faire circuler, de prendre conscience de ces changements et de renouveler ses propres forces ; des actes opérés avec simplicité pour signifier son appartenance à un tout bien plus grand, exprimer sa reconnaissance envers la nature qui, de cycle en cycle, renouvelle ses bienfaits.

COMMENT EFFECTUER LES RITES LIÉS AUX PRINCIPALES FÊTES ROMAINES

Fêtes de printemps

Nouvel An romain du 1er mars

À l'origine, chez les Romains, l'année commençait par le début du mois de mars, aux ides, juste à l'arrivée du printemps. On fêtait dans le même temps les *Matronalia*, occasion durant laquelle était honorée Junon Lucine, déesse de la lumière, cette dernière revenant après les mois d'hiver. Ce jour était donc dédié à la renaissance, au réveil de la nature, aux enfants et aux mères.

Le rituel

- Le matin, à côté d'une image figurant une femme – évoquant l'énergie féminine –, allumer une bougie afin d'honorer Vesta, déesse du foyer, et l'entourer de feuilles de laurier.

- Brûler quelques feuilles sèches au-dessus d'une assiette pour purifier la demeure et accueillir le printemps et ses forces nouvelles. Dans le même temps, réciter une prière telle que :

« *Je souhaite la bonne année à tous ceux*
de mon foyer,
Que s'accomplissent leurs voeux
Pour la joie et le bien de tous.
Voilà ce que je leur souhaite.

Puisse se perpétuer le cycle du printemps,
La renaissance des espoirs
Avec le retour victorieux et incessant de la lumière
Par le feu j'accompagne ces changements. »

Liberalia du 17 mars : fête du printemps

Cette fête était célébrée en l'honneur de Liber Pater – dieu de la végétation et de la fécondité d'origine italique qui fut assimilé plus tard à Bacchus – ainsi que de sa compagne Libera. Cette fête très ancienne était liée au renouveau saisonnier et à la fertilité des champs. On invoquait le dieu au début du printemps pour s'attirer ses faveurs et la prospérité. C'était aussi le jour où les jeunes Romains portaient pour la première fois leur toge d'adulte (la « toge virile ») et se défaisaient de leur *bulla* d'enfant (voir p. 46).

Le rituel

- Pour cette fête, on confectionnera des gâteaux à base de blé, d'huile et de miel, ingrédients qui caractérisaient les productions agricoles des Anciens. C'est le jour pour déjeuner, dîner, ou partager un verre à l'extérieur, en terrasse ou au jardin. C'est aussi le bon moment de l'année pour se séparer des amulettes végétales si elles sont trop vieilles. La meilleure manière de procéder est de les enterrer.
- Remplir un verre d'eau et l'entourer d'une couronne faite de feuilles de lierre.
- Juste à côté, placer une plante en pot afin de symboliser les forces vives du printemps.
- Formuler à sa guise des vœux de prospérité, de santé et de succès dans les étapes de projets et de vie.

Parilia du 21 avril : fête de la fondation de Rome

Cette fête commémorait la fondation de Rome, au cours de laquelle Palès, déesse des bergers, était honorée. D'origine agraire, cette fête incluait un rite de purification du cheptel et de leurs gardiens. Cet événement consistait à allumer un feu de joie au-dessus duquel les participants sautaient. Offrandes, présages et prières animaient les festivités.

Le rituel

- Au matin, purifier le foyer en brûlant, dans un encensoir ou une assiette creuse, quelques feuilles d'olivier, de laurier et des branchettes de romarin. Deux à trois gouttes d'huiles essentielles de pin sylvestre et de romarin peuvent également être diffusées.
- Ensuite, près d'une image ou d'une figurine représentant un loup, voire la louve capitoline, placer un petit verre de lait, quelques grains de millet, de mil ou bien de sorgho.
- Tout en adressant une prière à Palès, projeter vers l'est quelques gouttes d'eau de ses mains lavées et non séchées. La prière qui accompagne les gestes doit consister en une demande de protection contre les maux divers pouvant affecter le foyer et ses animaux domestiques ou sauvages qui fréquentent le jardin ou le balcon.

- Le soir, accompagner le dîner de vin.
- Après trois jours, enterrer le reste des offrandes en pleine terre ou dans un pot de fleurs.

Lemuria des 9, 11 et 13 mai

Ces jours étaient, pour les Romains, les *dies parentales*, c'est-à-dire les « jours des morts », période au cours de laquelle ces derniers étaient honorés dans les cimetières par le biais d'offrandes qui devaient les apaiser. C'était en quelque sorte un moyen de conjurer l'action des fantômes. Au foyer, le père de famille se chargeait de ces rituels. À minuit, il devait se lever et marcher pieds nus dans sa demeure en claquant des doigts pour éloigner les esprits. Après s'être purifié en se lavant les mains, il jetait derrière lui, sans se retourner, des fèves noires en guise d'offrande. Une fois le geste accompli, l'homme devait de nouveau se laver les mains avant de frapper un gong et de prononcer la formule suivante : « Je jette ces fèves et avec elles je me rachète, moi et les miens. » L'opération devait être renouvelée à neuf reprises et, par neuf fois, il lui fallait répéter : « Mânes paternels, sortez ! »

Cette chasse aux fantômes et cette purification du foyer permettaient d'achever un cycle et d'ouvrir le suivant, c'est-à-dire de chasser la mort et d'attirer lumière, la vie et la renaissance, à l'image du printemps chassant l'hiver. C'est pour cette raison que le rituel commençait à minuit, entre deux temps, deux espaces symboliques. Quant aux fèves, elles servaient généralement d'offrandes aux forces et divinités émergeant du monde souterrain, aux morts et aux Mânes parfois représentés en serpents surgissant du sol.

Le rituel

- Au soir du 9 février, à la maison, on allumera 9 petites bougies qui devront s'être éteintes naturellement avant le coucher.
- En allumant les bougies, on prononcera : « Que le crépitement des flammes annonce une année heureuse, lumineuse et protectrice ! »
- On veillera à cuisiner des féculents qui n'ont pas été consommés avant d'en racheter d'autres.
- On pourra également perpétuer le souvenir de la tradition de février en semant, au balcon ou au jardin, quelques poignées de pois et de fèves qui pourront être récoltés en juin. Le geste symbolisera le passage entre deux saisons et entre deux états : celui de graine enfouie sous terre à celui de la plante offrant ses bienfaits à la belle saison – une façon de fêter la fin des mois sombres et le retour du soleil, dont la lumière chasse progressivement l'obscurité, jusqu'à son apogée, en juin. C'est donc une période de purification marquant la victoire de la lumière sur l'ombre.

Fêtes d'été

Matralia du 11 juin

Cette fête de Mater Matuta, mère du matin représentant la déesse de l'Aurore, se célébrait selon des rites rapportés par le poète Ovide et par le philosophe Plutarque. À cette occasion, les matrones (femmes mariées) conduisaient une esclave dans le temple consacré à Mater Matuta pour l'en chasser peu après à coups de verge et de gifles. La coutume voulait que ces mêmes matrones portent dans leurs bras les enfants de leurs sœurs afin de les recommander à la déesse. Il s'agissait de permettre à la déesse de chasser les ténèbres, alors incarnées par une esclave. Quant aux nièces et neveux des matrones, ils endossaient le rôle symbolique du soleil nourri par l'énergie indispensable de l'aurore, sœur de la nuit.

Le rituel

- Pour fêter la victoire de la lumière et l'équinoxe, allumer une bougie de couleur sombre ou, si possible, une lampe à huile, que l'on veillera à bien éteindre après le rituel par sécurité.
- On prendra également soin de noter à l'encre noire sur une feuille de papier tous les maux, toutes les souffrances, tous les événements qui nous préoccupent.

Une fois cette liste établie, elle devra être placée dans une enveloppe et déposée à côté de la bougie allumée. Une fois-cette dernière éteinte, l'enveloppe et ses maux seront déchirés en petits morceaux et jetés dans un ruisseau, un cours d'eau ou une canalisation (il conviendra d'employer un support biodégradable et une encre végétale naturelle, facilement accessibles dans le commerce). Ainsi, les émotions négatives seront chassées, drainées par l'eau.

Le 11 juin est aussi le jour propice à la confection de porte-bonheur à partir de cordons de couleur orange ou rouge, qu'il faudra nouer ou tresser en prononçant sept fois : « Que la brume obscure s'évanouisse à l'apparition de l'aurore nouvelle. »

Solstice du 21 juin

Le solstice du 21 juin, jour le plus long de l'année, marque la maturité des éléments indispensables à la vie (récoltes issues des semis, etc.). C'est un jour à privilégier pour aller à la cueillette de plantes sauvages médicinales, comme la camomille, qui sont alors à leur puissance maximale. C'est également à cette occasion que pourront être confectionnées des amulettes à partir d'herbes de la Saint-Jean. Pour cela, il faudra aller prélever quelques brins de ces plantes, comme le millepertuis et l'armoise, et les faire sécher. Par la suite, ils devront être placés dans un petit sachet avec une pièce de monnaie. Le talisman, servant à chasser les mauvaises influences, pourra être remplacé par un bouquet de fleurs suspendu dans la maison. Le choix de l'armoise se rapporte à la déesse Artémis, qui jadis présidait la nature sauvage, les accouchements et la chasse. L'usage de cette plante est d'autant plus judicieux qu'elle était connue chez les Anciens pour annihiler les sortilèges, les poisons, le feu et soulager les maux de la sphère gynécologique. Il en est de même du millepertuis, censé faire fuir les démons et les mauvais esprits. D'ailleurs, les Grecs s'en servaient pour protéger les statues des dieux.

Le 21 juin sera aussi moment de purifier une nouvelle fois la maison. Pour cela, il faudra brûler, dans un petit pot en terre en guise de chaudron, quelques feuilles de verveine et de sauge afin de purifier chaque pièce du foyer par la fumée qui s'en dégage. Le geste devra accompagner des pensées et intentions favorisant la reconnaissance, le respect et la persévérance. Enfin, le 21 juin est un jour idéal pour planter une joubarbe des toits.

En ce jour de *Fors Fortuna*, les Romains attiraient la bonne fortune par sa célébration. Ancienne divinité italique de la chance, son nom vient de *fors* (« sort ») et de *ferre* (« porter », « apporter »). Tout comme la Tyché grecque, elle devait apporter la fertilité. Fortuna était traditionnellement représentée avec deux symboles indiquant ses fonctions : le gouvernail, traduisant sa prééminence sur la destinée du monde, et la corne d'abondance, désignant sa capacité à distribuer les bienfaits au hasard, comme le suggèrent ses yeux bandés sur de nombreuses représentations. Dans certains cas, elle était accompagnée d'une roue – symbole que l'on retrouve sur la dixième lame du Tarot de Marseille –, qui signifiait la dimension aléatoire des destinées, mais aussi les richesses. Malgré tout, les Romains se référaient volontiers à la déesse avec optimisme, comme leur adage le préconisait : « La Fortune sourit aux audacieux. »

Le rituel

En ce 24 juin, on mettra donc l'accent sur le fait que chacun est artisan de sa fortune.

- Dans l'intention d'attirer la chance et la prospérité, on pourra acquérir une amulette en corne d'abondance (voir p. 81).

- On pourra également recharger son cristal de roche en l'exposant à la lumière du soleil pendant la semaine précédant le 21 juin.
- C'est le jour où l'on consommera plus volontiers des fruits, du miel, des produits à base de farine et des laitages.
- On prendra soin de dîner en plaçant des bougies aux quatre coins cardinaux de la pièce principale. Chacune devra être associée à une pièce de monnaie. Avant le coucher, on soufflera les bougies une à une en prononçant à chaque fois : « Que cela soit bon, heureux et favorisé par la Fortune. »

Les *Vulcania* du 23 août

Les *Vulcania* étaient célébrées en l'honneur du Feu divin, c'est-à-dire Vulcain, maître de l'éclat lumineux. Les Romains avaient pour coutume de le fêter pendant huit jours, période qui coïncidait avec la fin de la canicule. Des courses étaient organisées et les participants devaient porter une torche. À l'issue de l'épreuve, le perdant donnait sa flamme au vainqueur. Ces journées étaient surtout le moment de conjurer les incendies et de célébrer les moissons. C'était donc une semaine capitale consacrée à la protection de la cité romaine. À cette occasion, les Romains avaient également l'habitude de se rendre sur les bords du Tibre pour pêcher des poissons qu'ils jetaient ensuite dans un feu avant de les consommer.

Le rituel

Dans la même optique, le 23 août, on veillera à préparer un petit feu protecteur pour se purifier des influences négatives et placer son foyer sous de bons auspices. On pourra même consommer de petits poissons en friture.

Fêtes d'automne

L'équinoxe d'automne, autour des 22 et 23 septembre

C'est ce moment de l'année où jour et nuit ont la même durée, comme l'indique le terme « équinoxe » ou *æquinoctium*, signifiant en latin « nuit égale ». En somme, une période charnière annonçant que l'ombre l'emporte peu à peu sur la lumière, opposition créant un équilibre. Par ailleurs, c'était de préférence en phase de lune ascendante que le raisin était récolté avant d'être pressé, conservé et transformé en vin.

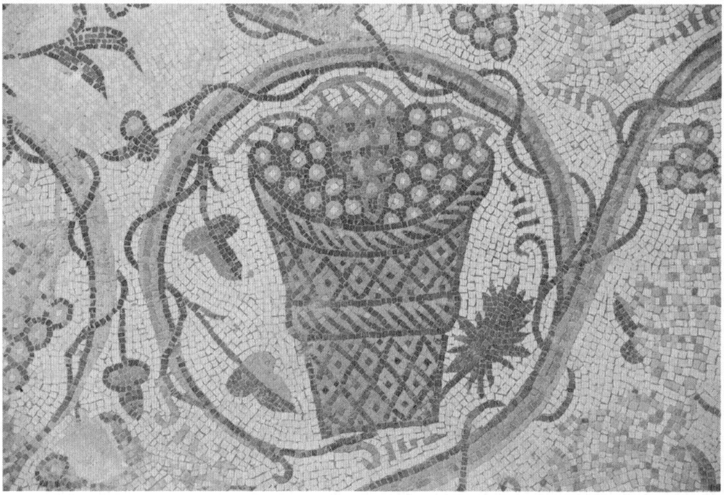

Il s'agissait d'une période de transformation nécessaire, à l'image des énergies présidées par Bacchus, considéré tant comme la divinité de la vigne que de la résurrection. Ce dieu était parfois nommé *Liber* (« Libre »), car il pouvait, selon les anciennes croyances, chasser les soucis des esprits tourmentés grâce au vin. Les vignerons romains le célébraient au moment des vendanges, notamment en octobre. Le dieu se voyait ainsi offrir une libation de moût frais (*sacriana*) pour s'assurer que tous les procédés de fabrication du vin soient placés sous ses bons auspices. On lui dédiait également des libations de vin coupé à l'eau.

Le rituel

- À l'image de la transformation de ce qui a mûri et de ce qui a été récolté, cette période d'équinoxe est le moment idéal pour faire le point sur les efforts fournis au cours de l'année et se fixer de nouveaux objectifs. Ce sera le moment d'effectuer une libation de vin, en versant le contenu d'un verre sur le sol, de préférence la terre, ou dans une jardinière, en prononçant cette prière :

« Alors que l'ombre gagne sur le jour
Que les feuilles rougissent et tombent
Que la terre se refroidit
L'équilibre fait loi.
Je place espoir dans le retour de la lumière
Contenue dans le fruit des actions fertiles
et le vin nourricier.
Je chasse ainsi sous la volonté du soleil
toute mauvaise influence. »

- Dans la maison, remplir un petit panier de noix, de noisettes, d'amandes, de glands, etc., dans un esprit de reconnaissance, tout en posant l'intention d'atteindre ses objectifs et de s'assurer son bien-être et celui de ses proches.

- On conseillera de partager un repas accompagné de vin.
- Chez soi, on pourra aussi placer une améthyste, dont la couleur évoque le vin et qui était connue sous le nom de « pierre de Bacchus » pendant l'Antiquité et appréciée pour ses capacités à protéger des maléfices liés à la jalousie d'autrui.

Meditrinalia du 11 octobre

Cette fête était celle des vendanges, à l'occasion desquelles les Romains buvaient du vin nouveau (moût) mélangé à du vin de l'année précédente, boisson qu'ils considéraient comme curative. C'est du moins ce que rapportait le savant Varron à son époque. Selon lui, les *Meditrinalia* (fête de Meditrina) puisaient leur nom de *mederi*, « être guéri ». Il était d'usage de faire une libation de vin en guise d'offrande et d'en consommer afin de s'assurer une bonne santé. « Le jour des *Meditrinalia* au mois d'octobre tire son nom de *medeor*, parce que, disait le flamine de *Mars Flaccus*, on avait coutume d'offrir ce jour-là en libation et de boire, à titre de médicament, du vin nouveau et du vin vieux. Beaucoup ont encore l'habitude de le faire et disent à cette occasion : “*Novum vetus vinum bibo : novo veteri morbo medeor.*” (“Je bois du vin nouveau et du vin vieux : je me guéris de la nouvelle et de la vieille maladie.”) » (*De la langue latine*, VI, 21).

Au IIe siècle, Festus Grammaticus avait lié cette fête à la déesse Meditrina : « C’était l’usage chez les peuples latins, le jour où l’on goûtait le premier moût, de dire en manière de bon présage : “Je bois du vin vieux, du vin nouveau ; de la vieille maladie et de la nouvelle je me guéris.” De ces paroles a été tiré le nom d’une déesse, Meditrina, dont les *Meditrinalia* sont la fête. » (*De la signification des noms*, XI).

Ainsi les Romains fêtaient-ils les qualités curatives du vin nouveau et remerciaient-ils les dieux, notamment Jupiter, auquel étaient déjà dédiées les *Vinalia* du 23 avril, date à laquelle on ouvrait les fûts de l’automne précédent pour lui offrir la première coupe versée. Il est à noter que le moût bu en octobre était réduit par ébullition et aromatisé avant d’être utilisé en boisson sucrée servant de remède à mélanger dans le vin de l’année précédente. Selon Caton, le rituel consistait à présenter à Jupiter (ou à Meditrina) une coupe du mélange en prononçant : « Jupiter Dapalis, je remplis mon devoir en t’offrant cette coupe de vin dans ma maison et au sein de ma famille ; à cette cause daigne l'avoir pour agréable. » Après cela, il convenait de se laver les mains avant de verser le mélange sur l'autel et de réciter une prière telle : « Jupiter Dapalis, agrée ce festin que je dois t'offrir. Reçois ce vin placé devant toi. » Pour terminer, il fallait boire le reste de la coupe en récitant la formule suivante : « Je bois du vin nouveau et du vin vieux : je me guéris de la nouvelle et de la vieille maladie. »

Il apparaît que le mélange avait une valeur magique et guérisseuse, avec le vin de l'année précédente qui soignait le nouveau moût, vertu qui se transmettait à ceux qui le consommaient. C'est pourquoi les Romains répétaient volontiers : « Le vin vieux soigne le vin nouveau. »

Le rituel

Le 11 octobre sera l'occasion de déguster un vin dans un esprit d'équilibre entre ce que l'on a accompli et ce qui tient à cœur. Au préalable, il conviendra d'offrir le premier verre puisé de la bouteille en libation à la terre.

Fontinalia du 13 octobre

Les *Fontinalia* étaient dédiées à Fontus (ou Fons) et aux nymphes, qui présidaient les sources et les eaux courantes. Pour les honorer, les Romains jetaient des guirlandes de fleurs dans les sources et en déposaient sur le bord des puits. À travers ces gestes, ils célébraient le retour des flots dans les fontaines, c'est-à-dire de l'eau messagère, élément fondamental à l'origine du vivant et participant aux cycles de saisons. Le retour de l'eau après la saison estivale et de canicule garantissait en effet l'abondance pour la saison suivante et, en quelque sorte, la renaissance et les espoirs ravivés. C'est la période festive qui marquait la première pleine lune après l'équinoxe, le troisième jour avant les ides, et qui perpétuait les transformations de la nature et du psychisme, tout comme le chaudron rituel symbolisait le lieu des mutations, des métamorphoses.

Le rituel

- Ce jour du 13 octobre invite à régénérer corps et âme. Il conviendra de trouver une fontaine, un bassin ou un puits et de laisser, pendant quelques instants, son imagination se déployer en une sorte de méditation silencieuse, en prenant conscience de la vacuité des choses terrestres et des liens qui unissent son être au reste de la nature et aux autres. Prendre conscience notamment que notre corps se compose à environ 70 % d'eau…
- On pourra associer ce moment à l'offrande d'un petit végétal (brin d'herbe, trèfle ou feuille de chêne)

qui devra être jeté dans de l'eau, dans l'idée d'une confiance absolue dans les mois à venir et en émettant envers l'eau des intentions ou vibrations positives. On énoncera mentalement la formule suivante : « J'exprime ma reconnaissance à l'eau, origine de toute chose et, par mon intention, l'eau se purifie comme elle me purifie. »

- Un fragment de soufre pourra également venir décorer une pièce du foyer afin de la purifier. On répétera une formule similaire à trois reprises : « J'exprime ma reconnaissance au soufre et, par mon intention, le soufre purifie ce lieu. »

- Après la purification, remplir d'eau une carafe « fleur de vie ». Cette figure géométrique sacrée composée de plusieurs cercles uniformément espacés était répandue depuis longtemps déjà au sein de l'Empire romain et bien au-delà. Cette fleur apparaît aussi bien dans les vestiges de la ville d'Éphèse qu'en Gaule, où elle ornait, sous forme de mosaïque, un bâtiment du IIe siècle de notre ère et qui appartenait à un vaste édifice mis au jour à Besançon au début des années 2000.

L'eau contenue dans cette carafe sera dynamisée, structurée, son taux vibratoire accru. Elle pourra ainsi être bue et servir en cuisine ou pour arroser des plantes. L'eau, dynamisée par la présence de la fleur de vie, sera imprégnée de l'information liée au commencement, au début de toute chose. Elle sera donc idéale pour régénérer le corps et l'âme avant d'entrer dans les mois d'hiver.

Fêtes d'hiver

Les Saturnales du 12 décembre ou fête du solstice d'hiver

Au crépuscule de l'année, une semaine avant le solstice d'hiver (du 17 au 23 décembre), les Romains célébraient Saturne qui, selon la légende, leur avait enseigné l'agriculture. Cette date, qui coïncidait avec la fête de Samain chez les Celtes, marquait le moment de l'année où la nuit était la plus longue, juste avant que les jours ne rallongent. Il s'agissait en somme du retour du soleil, de la victoire de la lumière sur l'ombre. De fait, les festivités qui y étaient rattachées étaient liées aux promesses des récoltes à venir. Saturne, dieu des semailles et de la germination, tirerait d'ailleurs son nom de *sator*, c'est-à-dire « semeur ».

À cette occasion, les Romains se rendaient sur la colline de l'Aventin pour délier la statue du dieu Saturne des chaînes de Jupiter qui, selon la légende, avait voulu l'entraver pour juguler ses appétits et le soumettre au cycle des saisons et au rythme des astres. Dans le même temps, l'ordre hiérarchique des hommes était inversé : les esclaves étaient temporairement libérés de leur condition et se voyaient servis en premier à la table des maîtres, dont l'autorité n'avait plus cours. Une société à l'arrêt où cessaient les spectacles, les activités des tribunaux, des écoles… Les Saturnales pouvaient, par ailleurs, faciliter la communication avec le monde des morts.

Ces festivités étaient les plus importantes de l'ancienne Rome. Une fois les premiers rites accomplis, suivaient les *Sigillaria*, au cours desquelles les Romains s'échangeaient des présents, notamment des sceaux (*sigillum*) et des petits objets en terre cuite. Les enfants, quant à eux, recevaient de petits cadeaux : figurines en terre cuite, amulettes, anneaux, broches, gâteaux, miel, dates, figues, pièces de monnaie (*saturnalia* et *sigillaricia*) ; en un mot, des étrennes (du latin *strenae* des calendes de janvier). Ces présents devaient attirer sur ceux qui les recevaient prospérité et douceur pour l'année naissante. Enfin, des banquets étaient donnés en plein forum. C'était aussi le moment de partager une galette. Celui qui recevait la part contenant la fève devenait alors le « roi du banquet ». En famille ou en petits groupes, on suspendait des figurines au seuil des maisons et aux chapelles des carrefours avant de les brûler plus tard. On fixait également du houx, du lierre et du gui dans les foyers. C'était donc une fête de l'inversion, de la libération des entraves, mais aussi des moments consacrés à la famille.

À partir de la fin de l'Empire romain, la période des Saturnales inclut des célébrations du Soleil Invaincu (*Sol Invictus*) assimilé à Mithra, dieu de la lumière et de la justice dont le jour de fête tombait le 25 décembre, date du solstice d'hiver selon le calendrier Julien, soit le *Dies Natalis Solis* (« jour de naissance du Soleil »).

Le rituel

- Pour accueillir la nouvelle année, on prendra soin de placer du houx, du lierre et du gui dans la maison. Les liens entre houx et retour de la lumière en font un symbole de protection. Ses feuilles restant vertes en hiver, il fait écho aux cycles immuables de la nature et, par là même, à la vie éternelle. Le houx a d'ailleurs longtemps servi d'amulette contre les mauvaises influences, vertu qui rappelle les traditions scandinaves qui l'associaient à la fête de Yule (fête du solstice d'hiver).
- Le lierre, lui, souvent associé à Bacchus/Dionysos, dieu du vin et de la démesure, symbolisait le cycle infini de l'Univers, de même que l'attachement éternel, l'amour après la mort. En latin, ce végétal qui se cramponne aux surfaces (murs, troncs...) était d'ailleurs désigné par le terme *hedera*, du verbe *haereo*, qui signifie « être attaché ». Aussi incarne-t-il la résistance et la ténacité.

- Lui aussi résistant à l'hiver, le gui symbolise la régénérescence et l'immortalité. Dans l'*Énéide*, il est le « rameau d'or » – talisman végétal dont les feuilles se teintent de reflets d'or annoncent le retour de la lumière – qui permet au héros Énée de revenir sain et sauf des Enfers.
- Après la fête, on ôtera ces végétaux comme on retirait jadis les liens de Saturne.
- En cette période de fin d'année festive, on profitera également des traditions afin de partager des bons moments et des repas avec des proches.
- En référence à Saturne le semeur, on pourra accompagner cette période de transition et les vœux de prospérité et d'abondance d'un rituel au cours duquel on confectionnera un talisman. Il suffira d'inscrire sur une feuille de papier le carré magique ou palindrome *Sator arepo tenet opera rotas*.

S	A	T	O	R
A	R	E	P	O
T	E	N	E	T
O	P	E	R	A
R	O	T	A	S

Ce carré magique, dont l'existence est attestée dès l'époque romaine, se compose de 25 lettres et de cinq mots : *sator* (« semeur », « laboureur », « planteur » ou « créateur »), *arepo* (n'existe pas en latin, mais signifie « charrue » en langue gauloise), *tenet* (« tenir »), *opera* (« travail », « œuvre ») et *rotas* (« roue », « rotation », « révolution », « cycle »). En cette fête, il prendra le sens de la loi du cycle des saisons et de l'éternel retour, apportant protection et positivité pour la nouvelle année et tous les espoirs qu'elle contient. Ce talisman écrit avec soin devra être conservé au foyer jusqu'au solstice d'hiver suivant.

Le vrombissement répétitif du rhombe (voir p. 64) peut accompagner les espoirs portés par le solstice d'hiver, notamment si l'on souhaite favoriser un état méditatif. Pour cela, il sera nécessaire de fabriquer son propre rhombe, en se procurant au préalable :

- un disque en bois d'environ 10 cm de diamètre ;
- un crayon ;
- une règle ;
- une paire de ciseaux ;
- une perceuse ;
- du papier ponce ;
- de la corde fine, de préférence un cordon ciré ou tissé, qui sera plus résistant.

La fabrication du rhombe s'opérera en cinq étapes.

1. Marquer le centre du disque de bois à l'aide de la règle et du crayon.
2. Faire deux trous avec la perceuse de chaque côté de la marque. Les deux trous doivent être distants d'environ 0,6 ou 0,7 cm et être suffisamment larges pour laisser passer le cordon.
3. Poncer le disque en bois et éventuellement le cirer. Il peut aussi être gravé d'un ou plusieurs symboles en lien avec la victoire de la lumière (soleil, rayons partant du centre…) ou, pour la protection et l'abondance, avec celui d'Hécate, déesse des carrefours, de la croisée des chemins, de la magie… On opérera alors des tracés en forme de labyrinthe circulaire.
4. Mesurer et couper le cordon suffisamment long pour le faire tourner avec aisance.
5. Passer les extrémités du cordon dans les trous en le doublant et fermer le cercle en le nouant.

Pour utiliser le rhombe, il suffira de nouer la boucle formée par le cordon autour d'un doigt de chaque main, roue suspendue au centre. En écartant les mains, le cordon s'enroulera dans un sens grâce au poids du disque. En rapprochant les mains, le cordon s'enroulera dans le sens opposé. Il sera nécessaire de répéter les gestes pour bien imprimer le mouvement dans les deux sens et le rendre perpétuel. Il suffira ensuite de prendre progressivement de la vitesse, de manière à émettre un vrombissement, et de se concentrer sur le souhait à attirer (retour de la lumière), voire de murmurer des paroles en ce sens.

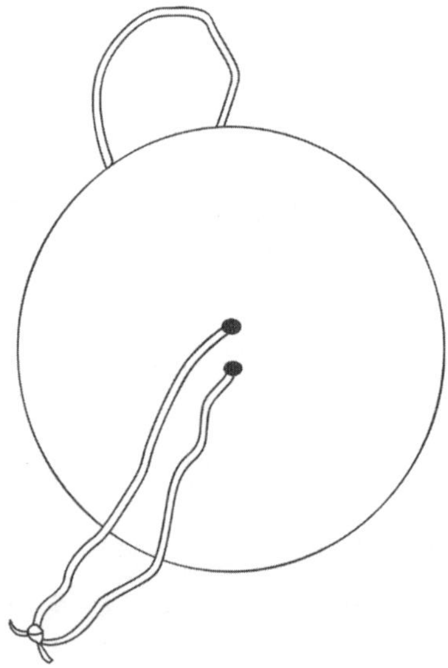

Parentalia, autour de février

Cette fête était celles des dieux Mânes, c'est-à-dire des ancêtres. Les Romains se rendaient dans les cimetières pour honorer les tombes de leurs aïeux, sur lesquelles ils déposaient des offrandes afin de les apaiser. Les *Feralia* concluaient ces *Parentalia* et consistaient en hommages publics rendus par la cité entière. Ces journées coïncidaient avec le terme de l'année religieuse, avant les rites de purification nécessaires au commencement du nouveau cycle annuel de mars. Les offrandes consistaient généralement en dépôts de fleurs, de fruits et de grains de sel. En somme, c'était la fête des morts équivalant à la Toussaint.

Le rituel

- En ce sens, ces jours pourront être l'occasion d'aller sur les tombes d'ancêtres ou d'être chers et d'en prendre soin, d'y déposer quelques offrandes végétales.
- On pourra se recueillir et s'adresser à ses proches et leur signifier par exemple que l'on pense toujours à eux.

Les Lupercales, autour du 15 février

Les Lupercales étaient célébrées en l'honneur de Faunus, dieu de la forêt et des troupeaux, ainsi que d'un dieu-loup, Lupercus, protecteur des bergers et de leurs animaux. Les cérémonies se déroulaient dans un lieu situé près d'une grotte appelée le « Lupercal » (de *lupa*, « louve »), au pied du mont Palatin à Rome, sous l'égide de prêtres luperques. Il s'agissait d'une fête de purification en lien avec la légende selon laquelle les fondateurs de Rome, Romulus et Rémus, avaient été découverts sous le *Ficus Ruminalis,* un figuier mâle (*caprificus*), et élevés par une louve, puis par le berger Faustulus et son épouse, une prostituée nommée Lupa…

Les prêtres sacrifiaient un bouc, accompagnés par deux jeunes hommes vêtus d'un pagne en peau de bouc. Une fois le sacrifice accompli, les prêtres touchaient le front de ces derniers avec la lame du couteau encore ensanglantée, avant de les essuyer avec des tampons de laine préalablement trempés dans du lait. Après quoi, les adolescents devaient rire aux éclats, courir dans les rues de Rome et faire le tour du mont Palatin. Sur leur passage, ils fouettaient passants et femmes volontaires, désireuses d'avoir un enfant dans l'année ou souhaitant éviter les douleurs de l'enfantement. Les festivités se concluaient par un banquet. Si le sacrifice avait un rôle purificateur, le rire et l'usage du fouet devaient signifier le retour à la vie et le commencement d'un nouveau cycle. Par ailleurs, la présence symbolique du loup et l'usage de peaux de bêtes marquent le profond lien qu'entretenait la cité romaine avec la nature, ses cycles et le monde sauvage dont nul n'est maître. Enfin, avant le banquet final, c'était le moment où les couples se formaient, sous l'égide de la déesse des unions matrimoniales et des accouchements, une coutume à l'origine de la Saint-Valentin.

Le rituel

- À cette occasion, on nettoiera sa demeure et on placera quelques pincées de gros sel aux angles de chaque pièce. Ces tas devront rester en place durant trois jours avant d'être jetés dans un ruisseau, une canalisation ou dans la terre.

- On privilégiera par ailleurs les vêtements de couleur blanche et l'on se procurera un petit morceau de figuier (bout d'écorce, branchette ou feuille préalablement séchée). On placera ce dernier sur une assiette que l'on déposera dans la salle de séjour avec un verre de lait et une bougie blanche. L'offrande à l'année à venir permettra d'accueillir les nouveautés en se référant à la valeur symbolique du figuier lié à la fécondité. Au petit matin, on adressera une prière à la nature devant les offrandes :

« Je me délivre, ainsi que tous les miens, des cycles passés.
Libre, j'avance vers la nouvelle année qui vient
Dans la lumière purificatrice et pour le bien de tous. »

Les *Terminalia* du 23 février

Dernière fête avant les calendes de mars et la nouvelle année, les *Terminalia* étaient consacrées à Terminus, dieu des limites. Pour l'honorer, les Romains ornaient les bornes des champs de guirlandes végétales et lui offraient, sur un autel installé pour l'occasion, du grain, du miel, du vin et un agneau ou bien un cochon de lait. La cérémonie se concluait par le partage d'un repas et des chants. Il s'agissait là de renouveler le sacrifice qui avait initialement défini les propriétés de chacun, c'est-à-dire l'accord foncier liant deux parties : « Lorsqu'une nuit aura passé, que l'on rende les honneurs habituels au dieu qui par sa marque délimite les champs. Terminus, que tu sois une pierre ou une souche enfoncée dans le sol, toi aussi, tu détiens ton pouvoir divin depuis les temps anciens. Deux propriétaires, venant de directions opposées, te couronnent, et t'apportent deux guirlandes et deux gâteaux. [...] La borne commune est aspergée du sang d'un agneau immolé, et Terminus ne se plaint pas lorsqu'on lui offre une truie encore à la mamelle. Les voisins se réunissent, célèbrent simplement un repas, et ils chantent tes louanges, vénérable dieu Terminus. » (Ovide, *Fastes*, II, 639 sq.)

Les *Terminalia* faisaient aussi l'objet de rites publics au niveau de la borne milliaire de la *via* Laurentina, première frontière de l'État romain. Enfin, ces *Terminalia* marquaient la clôture de l'année religieuse et renforçaient le pouvoir protecteur des bornes consacrées, assurant par là même le respect nécessaire de l'ordre public. Une fête qui était donc portée sur les frontières matérielles et immatérielles.

Le rituel

- Pour renouer avec cette tradition, on assurera la protection de sa demeure à l'aide de clous, en les enterrant comme indiqué p. 76.

- À cette occasion, d'autres amulettes pourront être confectionnées, tant pour protéger sa demeure que soi-même, donc contribuer à renforcer son intégrité physique et psychique, et à marquer ses limites en vue de les soustraire des mauvaises influences.

- On pourra également confectionner un chapelet avec une ficelle et neuf galets naturellement percés, dont la forme pourra symboliser le serpent, créature tellurique, souterraine, parèdre de la Grande Déesse-Mère, mais aussi incarnation du *genius loci*, le « bon génie du lieu », qui assurait la protection des foyers romains et qui décorait souvent l'autel des Lares familiaux. On se procurera également des graines de bétoine.

Une fois le chapelet formé, il faudra le consacrer en prenant chaque pierre l'une après l'autre entre ses doigts, et réciter cette prière à chaque fois :

« J'honore ces pierres protectrices et
ces graines, prémices de tous les espoirs.
Je les offre à Terminus, bon génie de mon foyer
À présent protégé. »

Le chapelet devra ensuite être soigneusement rangé dans un sachet préalablement rempli de graines de bétoine. On pourra également agrémenter son séjour d'un pot de cyclamen.

Les tonalités de la semaine

Les jours furent tous placés sous le patronage d'un astre ou d'un dieu. Ainsi, le lundi correspondait au « jour de la Lune » (*Lunae dies*), le mardi au « jour de Mars » (*Martis dies*), le mercredi au « jour de Mercure » (*Mercurii dies*), le jeudi au « jour de Jupiter » (*Jovis dies*), le vendredi au « jour de Vénus » (*Veneris dies*), le samedi au « jour de Saturne » (*Saturni dies*) et le dimanche au « jour de Sol » (*Solis dies*).

Aujourd'hui, on considérera ce patronage comme la traduction des vibrations de planètes porteuses d'une influence sur le physique et le psychique. Autrement dit, ce découpage hebdomadaire, les fêtes de saison et le calendrier naturel permettent une harmonisation avec les vibrations des planètes, ou du moins une prise de conscience d'un environnement plus vaste et auquel nous dépendons plus qu'on ne le croit d'ordinaire, ce que l'on a tendance à oublier.

Si l'on prend les jours de la semaine, chacun se rattache à des énergies, à une tonalité particulière, avec lesquelles les activités vont s'harmoniser ou pas ; des énergies qui, en posant des obstacles, sont bien souvent la source d'un enseignement ou le révélateur d'un potentiel que tout un chacun porte en lui. À chaque jour correspondent une énergie et des activités qui la reflètent. Ainsi la Lune du lundi encouragera-t-elle à se défaire de ses émotions, à donner libre cours à sa créativité, à suivre son intuition. Le mardi, « jour de Mars », on privilégiera les initiatives, l'action et l'affirmation de soi. Le mercredi, Mercure favorisera les échanges, les nouvelles et le partage des points de vue. Ce jour sera aussi celui des contrats, qui lient les gens les uns avec les autres. Avec Jupiter, le jeudi est le jour des apprentissages et de l'attention que l'on peut porter aux autres. Associé à Vénus, le vendredi sera lié au plaisir, aux arts, à la beauté et à l'harmonie ; ce sera donc un jour idéal pour prendre soin de son foyer et de son corps, pour rencontrer des gens ou tout simplement se promener dans la nature ou dans un jardin. Placé sous le patronnage de Saturne, le samedi invitera à la spiritualité ou tout simplement à un lâcher-prise, offrant une énergie de méditation, d'introspection. Le dimanche, quant à lui, est le jour du Soleil. Optimisme et réunions heureuses seront les maîtres mots de cette journée.

V

—

DÉCOUVRIR LA DIÉTÉTIQUE ROMAINE ET SES PRINCIPES FONDAMENTAUX

Si la cuisine romaine évoque souvent la démesure, les plats extravagants et les banquets sans fin, c'était pourtant la médecine – et même la morale – qui définissait les bonnes manières de manger. En effet, diététique, chirurgie et pharmacopée constituaient les trois principaux domaines de la médecine de l'époque. Le champ que couvrait la diététique était cependant plus large qu'aujourd'hui, incluant divers aspects de l'hygiène de vie tels que le sommeil ou les bains. Héritée d'Hippocrate, cette discipline devait assurer la pleine maîtrise de son corps. Autrement dit, elle avait un rôle aussi bien préventif que curatif, garantissant un bon état de santé et rectifiant tous les dysfonctionnements au besoin. Dans ce cadre, les aliments avaient valeur de médicaments, tandis que les richesses de la nature étaient considérées comme telles, du moment qu'elles étaient utiles.

En somme, la diététique reflétait une conception que les Romains se faisaient du monde et dans laquelle chaque élément était défini et assigné à une place bien précise. Ce n'est donc pas pour rien que de nombreux médecins, savants et naturalistes classaient les végétaux et les minéraux selon leurs propriétés, alors que, dans le même temps, se développaient la culture des plantes médicinales, l'art des jardins et l'agronomie. Mais surtout, l'idée ancienne et développée par le courant hippocratique suivi par les Romains était que le monde se partageait entre les quatre éléments primordiaux (chaud, froid, sec et humide) et que ceux-ci se retrouvaient tant dans le macrocosme (Univers) que dans le microcosme (l'être humain).

LA DIÉTÉTIQUE ET L'ÉQUILIBRE DU CORPS ET DE L'ESPRIT : LES ALICAMENTS AVANT L'HEURE

Si l'on observe l'ensemble des sources relatives au bien-être de l'époque, la frontière entre aliment et remède est assez floue. Les Anciens partaient du principe que, comme la nourriture exerçait une influence sur l'organisme, elle pouvait être considérée comme un médicament. En parallèle, l'art de la diététique reposait sur des théories bien ancrées dans la culture romaine, théories qui mettaient en avant l'importance de la digestion. Selon les principes hérités d'Hippocrate, celle-ci était une cuisson des aliments. Dans cette optique, la diététique devait donc permettre au processus digestif de se dérouler le mieux possible. Aussi préconisait-on de consommer les aliments cuits. La bonne digestion – ou « coction » – permettait aux aliments ingérés de distribuer leurs propriétés – bonnes ou mauvaises – au sein de l'organisme. La nourriture était dès lors à l'origine de l'équilibre ou du déséquilibre des humeurs du corps. Celui-ci était en effet composé d'éléments ou d'humeurs qui déterminaient son tempérament. Ces humeurs, au nombre de quatre, correspondaient aux fluides sécrétés par les divers organes : sang (cœur), phlegme (lymphe, cerveau), bile jaune (foie) et bile noire (rate). Si l'un de ces fluides venait à trop diminuer ou à augmenter, un déséquilibre était créé. Les médecins hippocratiques disaient que tout aliment mal digéré laissait des résidus dans les organes, provoquant les maladies. En un mot, mal digérer revenait à créer un déséquilibre humoral. La diététique visait donc à conserver ou à restaurer l'harmonie du corps. Par conséquent, manger équilibré, c'était consommer des aliments correspondant à son tempérament et à son état, comprenant : âge, genre, mode de vie, environnement, activité physique, etc. Ainsi, à chaque humeur correspondait un tempérament :

- sang : sanguin ;
- flegme : flegmatique ou lymphatique ;

- bile jaune : colérique ou bilieux ;
- bile noire : mélancolique ou nerveux.

Ces tempéraments se reconnaissaient en fonction de différents critères comportementaux, physiques et pathologiques. Néanmoins, un individu pouvait réunir plus d'un tempérament et présenter un profil plus complexe.

Sanguin

Avec une prédominance du sang, ce tempérament se caractérise par une bonne résistance au stress et aux maladies. D'apparence trapue, massive, avec une peau chaude, humide, colorée et un comportement actif, jovial, épicurien, excessif. Sujet aux troubles cardiovasculaires, rénaux et métaboliques.

Lymphatique

Avec une prédominance de la lymphe, ce tempérament est caractérisé par un physique mou, avec une peau froide, humide et pâle, et un comportement calme, prudent, méthodique, loyal, indécis, solitaire, créatif, passif et paresseux. Sujet aux troubles digestifs, lymphatiques et aux prises de poids.

Bilieux

Avec une prédominance de la bile, ce tempérament est souvent associé à une morphologie athlétique, anguleuse, et à un caractère autonome, ambitieux, organisé, dominateur avec un calme apparent. Ce tempérament est sujet aux troubles hépatobiliaires, musculosquelettiques et au surmenage.

Nerveux

Avec une prédominance de la bile noire, ce tempérament a souvent un physique maigre, longiligne, avec une peau froide, sèche, terne, et un comportement perfectionniste, hésitant, méthodique, minutieux, réfléchi, patient, calme, lent, anxieux, réservé et un manque de confiance en soi. Sujet à l'anxiété, aux troubles nerveux, voire aux dépressions.

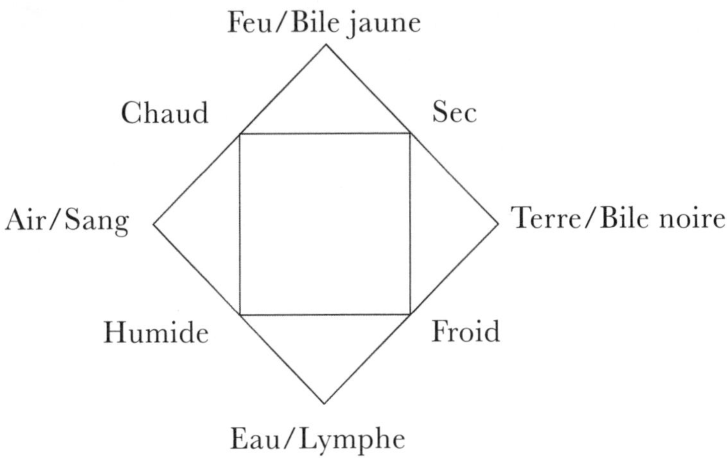

Quelques aliments à privilégier ou à éviter selon son tempérament

À partir de cette lecture de la morphologie et des comportements, les Anciens préconisaient de consommer ou d'éviter certains aliments afin de rééquilibrer le corps et l'esprit selon le tempérament reconnu.

Sanguin

Les aliments « chauds » et réchauffants, tels que les viandes rouges, la charcuterie, le café et le thé, les alcools, le lait, la crème fraîche et les fromages gras et riches sont à éviter. En revanche, sont préconisés : le seigle, les légumes verts et les fruits aqueux (fruits rouges, myrtille, olive verte, poire, rhubarbe...), les œufs, l'agneau, le crabe, les fromages blancs et maigres, le froment, l'avoine, l'épeautre, le vinaigre de cidre et les crudités, à consommer avec mesure.

Lymphatique

Les aliments chauds sont vivement recommandés, épices comprises. La viande (sauf la charcuterie, trop salée), ainsi que le froment, l'épeautre, le riz, le sarrasin, le millet, l'orge, l'avoine, le seigle, les racines et les légumes verts (radis, radis noir, brocoli, céleri, chou, fenouil, oignon cru, roquette), les pommes et les châtaignes sont à privilégier. Les produits laitiers fermentés (yaourts) sont à consommer avec modération. En revanche, lait et fruits trop riches en eau sont à éviter.

Bilieux

Les aliments tels que les œufs, les poissons gras, les escargots et la viande (agneau et mouton) sont à consommer avec parcimonie. Sont conseillés les crudités (laitue, concombre…), les cucurbitacées, les légumes (épinards…), les champignons, les fruits aqueux et, en somme, les denrées « froides », de même que les céréales (sauf l'avoine et le sarrasin, trop « chauds ») et les légumineuses, en quantité limitée. L'huile d'olive et le vinaigre, surtout de cidre, sont aussi à privilégier, tout comme une hydratation importante. La crème fraîche et le lait sont à éviter.

Nerveux

Féculents, fruits (sauf fruits acides), poissons, viandes blanches – volailles comprises – sont préconisées. Les légumes et racines cuits sont conseillés : asperge, betterave, artichaut, carotte, navet, oignon et cucurbitacées (panais…). Les huiles de noix et de lin sont recommandées. Il est conseillé d'éviter vinaigre, millet, orge, avoine, seigle, lait et produits laitiers, de même que les fruits et légumes trop riches en eau (melon, tomates, concombre, abricot, pastèque, fraise, poire…), et surtout les crudités en entrée.

TROUVER LA BONNE SIGNATURE ÉNERGÉTIQUE DES ALIMENTS AU FIL DES SAISONS

Si l'art de la diététique était complexe du fait qu'il existait quasiment autant de tempéraments que d'individus, de grandes lignes se dégageaient. Le corps était en effet considéré comme étroitement lié à la nature. C'était en quelque sorte un microcosme à l'image de l'Univers, auquel la nourriture insufflait une énergie particulière en fonction des saisons et de l'environnement. Ainsi, bien connaître le corps, c'était bien connaître la nature.

Par ailleurs, le tempérament du corps et les aliments étaient associés aux quatre éléments fondamentaux de la nature. Le feu était lié aux aliments chauds et secs ; l'eau aux aliments froids et humides ; la terre aux aliments froids et secs et l'air aux aliments chauds et humides. En d'autres termes, tout comme l'année se compose de quatre saisons (hiver froid et humide, printemps chaud et humide, été chaud et sec, automne froid et sec), l'humain était considéré comme placé sous l'influence de quatre humeurs. Aussi, selon le raisonnement hippocratique, à chaque saison, l'une des humeurs dominait, ce qui expliquait l'apparition des mêmes maux à des moments précis de l'année, comme les états grippaux en hiver ou les troubles bilieux en automne. Selon cette même idée, les aliments et les médicaments devaient contrebalancer les déséquilibres et les tendances saisonnières. C'est pourquoi les Romains adaptaient leur régime alimentaire en fonction des saisons.

En d'autres termes, l'alimentation devait neutraliser l'influence de ces dernières. Dès lors, pour l'hiver, les Romains préconisaient de tenir le corps chaud et sec en limitant le phlegme, dont l'excès engendrait les inflammations des muqueuses, notamment des voies aériennes supérieures (nez, pharynx). Pour cela, il convenait de consommer beaucoup de pain, de viande bouillie, nombre d'aliments « chauds », et de réduire les légumes froids et humides. En revanche, en été, saison chaude, sèche et bilieuse, céréales, fromage, lard, fruits et légumes étaient privilégiés, de même qu'en cas de fièvre, qui était contrée au moyen d'une cure d'aliments froids, comme certaines salades, permettant de soulager l'estomac dans son travail. Pour le printemps, saison de transition dominée par le sang, il était recommandé de manger une nourriture plus douce : viandes bouillies, légumes crus et cuits, et autres aliments froids et amers. Pour l'automne, saison froide, sèche et liée à la bile noire, dont l'excès provoquait fièvre et encrassement des organes, une alimentation purgative était souvent proposée.

En résumé, pour respecter le rythme des saisons, préserver son équilibre énergétique, harmoniser son corps et son esprit avec la nature et ses cycles, il est préférable de consommer les aliments en suivant ce calendrier :

- régime vénusien du printemps : légumes verts, graines germées, viande blanche, poisson semi-gras, huile d'olive, blé, millet. Il est également conseillé de nettoyer son organisme, notamment grâce à une cure de plantes en infusion ou en décoction (voir page suivante) ;
- régime martien de l'été : crudités, fruits frais, céréales (orge, riz, seigle), poissons maigres, viandes blanches, huile d'olive, de colza et de tournesol ;

- régime neptunien de l'automne : légumes et fruits (aubergine, potiron, courgette, raisin, fruits rouges, châtaigne, noix…), poissons semi-gras, huiles de noix et de noisette ;
- régime jupitérien de l'hiver : légumineuses (lentilles, pois, fèves), légumes, racines (carotte, chou, betterave…), fruits secs, épeautre, avoine, poissons gras, fruits de mer, fromages, viande rouge, huiles de lin, d'olive et de pépin de courge.

Au printemps et en automne, il est également conseillé de détoxifier son organisme – notamment son foie – par la consommation d'une tisane composée de six plantes. Il conviendra d'en boire trois tasses par jour (25 cl), un quart d'heure avant chaque repas, et ce, pendant trois semaines. Pour trois tasses, utiliser trois cuillères à soupe du mélange suivant (recette pour environ 150 g) :

- camomille allemande/*Matricaria recutita* (fleurs) : 20 g ;
- pissenlit/*Taraxacum officinale* (feuilles) : 25 g ;
- pissenlit/*Taraxacum officinale* (racines) : 15 g ;
- souci/*Calendula officinalis* (fleurs) : 20 g ;
- artichaut/*Cynara scolymus* (feuilles) : 25 g ;

- chardon-Marie/*Silybum marianum* (graines) : 15 g ;
- mélisse/*Melissa officinalis* (partie aérienne) : 30 g.

Pour réaliser la décoction, verser les plantes dans une casserole d'eau froide (environ 75 cl) et porter à ébullition. Dès que l'ensemble bout, éteindre le feu et laisser infuser approximativement 10 minutes.

La camomille allemande était fréquemment consommée par les Romains. Pour certains, elle servait à se purger la rate, à condition, selon Pline l'Ancien, de la mélanger à du vin blanc et à de l'urine… Selon le médecin Galien, elle soulageait aussi les douleurs et les fièvres, d'où son appellation *febrifuga* (« fébrifuge » : qui combat et guérit la fièvre) dans le capitulaire *De Villis* (document daté de la fin du VIIIe siècle ou du début du IXe siècle).

Si les fleurs de souci sont mentionnées par plusieurs auteurs grecs et latins, ce n'est qu'au Moyen Âge que ses vertus médicinales en ont fait une véritable panacée. C'est notamment Albert le Grand qui la préconisait pour libérer des organes comme le foie et la rate.

L'artichaut, quant à lui, plus tardif dans la pharmacopée de jadis, est aujourd'hui une des plantes du foie des herboristes. Amères et peu agréables en bouche, ses feuilles infusées restent très efficaces.

Le pissenlit était également consommé pendant l'Antiquité, réputé pour son goût amer censé stimuler le foie.

Les Romains connaissaient le chardon-Marie, qu'ils utilisaient pour soulager les troubles hépatiques et biliaires. Pline l'Ancien conseillait de le boire en jus avec du miel pour éliminer les excès de bile.

La mélisse, du grec *melissa* (« abeille »), était recommandée par Dioscoride et Pline, ainsi que par bien d'autres savants au fil des siècles, notamment pour ses vertus antispasmodiques et stomachiques. Calmante, elle est souvent consommée contre les troubles digestifs et les maux d'estomac.

LA CUISINE ROMAINE EN QUELQUES MOTS : PRODUITS ET INGRÉDIENTS RÉCURRENTS

La base de l'alimentation de la Rome antique dépendait des céréales : blé, épeautre, orge… Celles-ci étaient souvent consommées en bouillie, mais servaient également à la préparation de pains et de galettes très variés. Fèves, pois chiches et lentilles étaient quant à eux largement consommés, de même que les légumes verts, la laitue, les oignons, les poireaux et les betteraves. Ces aliments étaient bouillis, réduits en potages ou en purée, ou bien grillés. Laitages et fruits secs faisaient également partie des aliments courants, olives comprises. Les Romains étaient par ailleurs friands d'herbes, notamment celles dont les propriétés étaient digestives : menthe, livèche, thym, origan, aneth, sarriette.

Les plus riches pouvaient se permettre d'enrichir leur cuisine d'épices importées telles que le poivre, les grains de pavot, le cumin… En somme, du niveau de vie, mais aussi du contexte (urbain, rural, littoral, militaire, athlétique…), dépendait le contenu des assiettes. Ainsi, la viande au quotidien était-elle réservée aux grandes tables. Le porc était l'animal le plus consommé : échine de porc séchée, tétines de truie… Cependant, les Romains cuisinaient également des volailles et autres volatiles, de même que des ovins et des bovins, et parfois du gibier. Il est à noter que les viandes étaient généralement bouillies (avant d'être parfois rôties), mijotées, cuites au four ou à l'étouffée, ou encore fumées. Les produits de la mer étaient tout aussi prisés : rougets, sardines, esturgeons et huîtres étaient réservés aux plus fortunés. Enfin, certains ingrédients étaient omniprésents et typiques de la cuisine romaine :

- l'huile d'olive ;
- le miel ;
- le vinaigre de vin ;
- le *defritum* : moût cuit (ou sirop de figues ou de coings) obtenu par réduction à feu doux (connu aujourd'hui en Italie sous le nom de *mosto cotto*) et employé pour les plats aigres-doux ;
- le *garum* : sauce résultant de la fermentation de poissons enrichie de sel. Aujourd'hui, l'équivalent de cette sauce est le nuoc-mâm vietnamien.

La palette des denrées consommées par les Romains dépendait des saisons, et permettait d'adapter son assiette à son tempérament tout au long de l'année.

De nos jours, quelques recettes peuvent être réalisées grâce aux écrits qui ont subsisté et aux adaptations qui en ont été faites, et ce, dans le respect des saveurs anciennes. D'autres recettes permettront d'accompagner une fête ou une saison, ou tout simplement de changer son quotidien culinaire !

RECETTES ROMAINES EN FONCTION DE SON TEMPÉRAMENT

Les recettes qui nous sont parvenues, comme celles d'Apicius (Ier siècle) ou de Caton (IIIe-IIe siècles avant J.-C.), ne précisent ni les quantités ni les temps de cuisson. Dès lors, il est difficile de savoir combien de temps les aliments étaient cuits à l'époque, c'est-à-dire au feu et sans stabilité en termes de température. C'est pourquoi les recettes proposées ici, comme dans la plupart des ouvrages consacrés à la cuisine antique, sont des adaptations.

Recettes pour le tempérament sanguin

Salade de pousses de chou, d'après Apicius

Pour 2 personnes

Ingrédients

- 50 g d'olives vertes dénoyautées
- 1 botte de pousses de chou
- 1 pincée de cumin en poudre
- 1 cuillère à café de vinaigre
- 1 cuillère à soupe d'huile d'olive
- 1 cuillère à café de nuoc-mâm
- Sel
- Maniguette

En cuisine

1. Faire bouillir 1 l d'eau dans une cocotte ou un faitout et ajouter 1 pincée de sel.
2. Y plonger les pousses et les olives durant 10 à 15 minutes, jusqu'à ce qu'elles deviennent tendres.
3. Égoutter pousses et olives après la cuisson.
4. Dans un bol, faire une sauce en mélangeant l'huile, le vinaigre, la sauce nuoc-mâm, le cumin et un peu de sel et de maniguette.
5. Disposer les pousses de chou et les olives dans un saladier et recouvrir de la sauce.
6. Déguster tiède ou chaud.

Bonite farcie au four, d'après Apicius

Pour 6 personnes

Ingrédients

- 1 bonite (ou 1 jeune thon) de 1,5 à 2 kg, vidée et nettoyée
- 4 feuilles de laurier sauce
- 2 gousses d'ail
- 1 œuf
- 1 botte de persil
- 1 cuillère à soupe de miel liquide
- 80 g d'olives vertes dénoyautées
- 40 g de cerneaux de noix
- 30 g de semoule moyenne
- Huile d'olive
- Gros sel
- Maniguette
- Sauce nuoc-mâm

En cuisine

1. Préchauffer le four à 160 °C.
2. Faire bouillir 25 cl d'eau salée, y verser la semoule et tourner jusqu'à obtention d'une purée. Laisser refroidir.
3. Piler olives, ail et noix. Y ajouter le persil émincé, le sel et la maniguette.

4. Dans un saladier, mélanger la semoule froide avec l'œuf, le miel, l'huile et le reste des ingrédients afin d'en faire une farce.
5. Ouvrir la bonite. Saler l'intérieur et le garnir de la farce.
6. Badigeonner la bonite d'huile et y déposer les feuilles de laurier avant de l'envelopper dans du papier aluminium.
7. Faire cuire la bonite en papillote pendant 50 minutes à 180 °C. Surveiller la cuisson.
8. Servir avec de la sauce nuoc-mâm.

Marmite de légumes et de poulet

Pour 2 personnes

Ingrédients

- 200 g de blanc de poulet
- 1 œuf
- 1 cuillère à café de nuoc-mâm
- 1 oignon
- 1 navet
- 1 panais
- 1 poireau
- ½ branche de céleri
- Huile d'olive
- Sel
- Poivre blanc

En cuisine

1. Couper les panais en cubes.
2. Émincer l'oignon, le navet, le poireau et le céleri.
3. Plonger tous les ingrédients dans de l'eau bouillante pour réaliser le bouillon.

Gratin de pommes

Pour 4 personnes

Ingrédients

- 5 à 6 pommes
- 4 œufs
- 1 cuillère à café de nuoc-mâm
- 2 cuillères à soupe de miel liquide
- 4 pincées de cumin en poudre
- 2 noix de beurre
- 80 ml de vin doux (banyuls, muscat ou autre)

En cuisine

1. Préchauffer le four à 220 °C.
2. Peler et couper les pommes en dés.
3. Dans une casserole, faire dorer les pommes dans du beurre pendant 5 à 10 minutes.
4. Dans un saladier, mélanger pommes, vin, miel, nuoc-mâm et cumin.
5. Battre les œufs et les mélanger aux autres ingrédients.
6. Verser l'ensemble dans un plat préalablement huilé et enfourner pendant 30 à 40 minutes. Surveiller la cuisson.
7. Laisse refroidir avant de servir.

Recettes pour le tempérament lymphatique

Salade de raifort

Pour 2 personnes

Ingrédients

- 200 g de raifort
- 50 g de yaourt au bifidus
- ½ citron
- 1 cuillère à café de nuoc-mâm
- 2 pincées de sel

En cuisine

1. Éplucher, puis râper le raifort.
2. Verser le raifort râpé dans un saladier et presser le demi-citron dessus.
3. Ajouter le yaourt, le sel et le nuoc-mâm. Mélanger et servir.

Omelette au chèvre et aux feuilles de menthe, d'après Pline

Pour 2 personnes

Ingrédients

- 3 œufs
- 1 crottin de chèvre frais
- 1 poignée de feuilles de menthe fraîche
- ½ poignée de feuilles de pissenlit
- 1 cuillère à soupe d'huile d'olive
- 2 pincées de maniguette
- 1 à 2 pincées de sel

En cuisine

1. Battre les œufs en omelette dans un saladier.
2. Couper le fromage en morceaux et l'ajouter aux œufs.
3. Verser le reste des ingrédients et mélanger le tout.
4. Cuire à point.

Dorade aux graines de coriandre, d'après Apicius

Pour 4 personnes

Ingrédients

- 1 dorade de 1 à 1,5 kg, vidée et nettoyée
- 2 cuillères à soupe de graines de coriandre
- 80 g de farine
- Huile d'olive
- Poivre blanc
- Fleur de sel
- Vinaigre balsamique (optionnel)

En cuisine

1. Préchauffer le four à 180 °C.
2. Broyer les graines de coriandre dans un mortier et ajouter la fleur de sel.
3. Saler et poivrer l'intérieur de la dorade.
4. Couvrir la dorade du mélange coriandre et sel.
5. Mélanger la farine à de l'eau et malaxer jusqu'à obtenir une pâte assez ferme.
6. Modeler un boudin avec la pâte.
7. Placer la dorade dans une cocotte préalablement graissée à l'huile. Sceller le couvercle en l'entourant du boudin de pâte pour le rendre le plus hermétique possible.
8. Mettre au four pendant une demi-heure.
9. Après cuisson, ajouter une cuillère à soupe d'huile d'olive ou un filet de vinaigre balsamique.

Boulettes de semoule frites et fromage, d'après Caton

Pour une quinzaine de boulettes

Ingrédients

- 80 g de picota italienne ou de brousse de brebis
- 50 g de semoule moyenne précuite
- Miel
- Graines de sésame ou d'anis vert
- Huile de friture

En cuisine

1. Mélanger picota et semoule.
2. Modeler les boulettes.
3. Laisser reposer au frais une vingtaine de minutes.
4. Placer les boulettes dans de l'huile de friture frémissante.
5. Laisser cuire environ 5 minutes jusqu'à obtention d'une couleur brune.
6. Placer les boulettes dans un plat, les couvrir de miel et les saupoudrer de graines de sésame ou d'anis vert.

Recettes pour le tempérament bilieux

Salade de concombre et de laitue

Pour 2 personnes

Ingrédients

- 1 concombre
- 2 cœurs de laitue
- 1 gousse d'ail
- 1 cuillère à café de sauce nuoc-mâm
- 3 tranches de pain à la farine de châtaigne
- 1 cuillère à café de vinaigre
- Huile d'olive
- Sel
- Maniguette

En cuisine

1. Couper le pain en petits cubes.
2. Couper le concombre en petits cubes.
3. Couper les cœurs de laitue en petits morceaux.
4. Dans une poêle, faire rissoler l'ail coupé dans de l'huile d'olive.
5. Ajouter le pain et faire dorer avant de laisser refroidir dans un bol.
6. Dans un saladier, verser les cubes de concombre et les morceaux de laitue.

7. Préparer une vinaigrette avec l'huile d'olive (2 à 3 cuillères à soupe), le vinaigre, la sauce nuoc-mâm, le sel et la maniguette.

8. Mélanger le tout et servir.

Gratin de potiron aux graines de coriandre

Pour 4 personnes

Ingrédients

- 800 g de pulpe de potiron
- 180 g de chèvre frais
- 70 g de fromage de brebis râpé
- 1 oignon
- 1 cuillèrc à soupc rasc dc graincs dc coriandrc
- 1 botte de persil ou d'orties
- 1 cuillère à soupe de miel liquide
- 2 pincées de cumin
- ½ cuillère à soupe de graines de fenouil
- ½ cuillère à soupe d'anis vert
- ½ cuillère à soupe de graines d'aneth
- Huile d'olive
- Sel
- Maniguette

En cuisine

1. La veille, éplucher le potiron et le couper en dés.
2. Le jour même, cuire les dés à la vapeur durant 10 minutes, puis les égoutter dans une passoire.
3. Émincer l'oignon.
4. Préchauffer le four à 200 °C.
5. Dans une grande poêle ou une sauteuse, faire revenir l'oignon à l'huile d'olive et ajouter les dés de potiron.

6. Dans un saladier, mélanger le chèvre, le persil, le cumin, toutes les graines, le miel, le sel et la maniguette.
7. Mélanger l'ensemble au potiron.
8. Graisser un plat à gratin, y verser la préparation et parsemer de fromage de brebis râpé.
9. Enfourner pour environ 30 minutes.

Ragoût de champignons

Pour 2 personnes

Ingrédients

- 500 g de champignons
- 2 cuillères à soupe d'huile d'olive
- 1 cuillère à café de miel liquide
- 1 cuillère à soupe de sauce nuoc-mâm
- 1 pincée de graines de céleri
- 1 pincée de graines de carvi
- 1 pincée de poivre blanc
- ½ botte de persil ou d'armoise

En cuisine

1. Broyer les graines de céleri et de carvi dans un mortier.
2. Nettoyer et couper les champignons. Bien séparer chapeaux et pieds.
3. Dans une poêle, faire revenir les champignons dans l'huile d'olive.
4. Ajouter les graines broyées, le persil émincé (ou l'armoise), le miel, la sauce nuoc-mâm et le poivre.
5. Faire dorer, puis servir.

Compote de fruits au miel

Pour 4 à 6 personnes

Ingrédients

- 4 pommes
- 4 poires
- 1 à 2 pincées de poivre
- 1 cuillère à café de cannelle
- Miel de romarin ou de manuka

En cuisine

1. Éplucher les pommes et les poires.
2. Les mettre dans une casserole avec le miel, le poivre et la cannelle.
3. Faire cuire à feu doux jusqu'à obtenir une compote.

Recettes pour le tempérament nerveux

Salade de panais, d'après Apicius

Pour 2 personnes

Ingrédients

- 400 g de panais
- 25 g de fromage de brebis râpé
- 1,5 cuillère à café de vinaigre de vin
- 1 cuillère à soupe d'huile d'olive
- Sel
- Poivre

En cuisine

1. Laver et brosser les panais avant de les râper.
2. Préparer une vinaigrette avec l'huile, le vinaigre, le sel et le poivre.
3. Mélanger la vinaigrette et le panais râpé.
4. Saupoudrer le tout avec le fromage râpé.

Lentilles aux fonds de cardons, d'après Apicius

Pour 2 personnes

Ingrédients

- 110 g de lentilles
- 10 cl de sirop de figues ou de coing, ou bien de *mosto cotto* (pour remplacer le *defritum*)
- 5 cl d'huile d'olive
- 2 cardons (ou 2 petits artichauts violets si les cardons ne sont pas proposés à la vente)
- 1 vert de poireau
- 8 brins de coriandre fraîche
- 2 pincées de poivre blanc ou de maniguette
- 1 pincée de cumin
- 1 cuillère à soupe de feuilles de menthe séchée
- 1 cuillère à soupe de mélisse séchée
- 1 cuillère à café de graines de coriandre sèche
- 1 cuillère à café de vinaigre
- ½ cuillère à soupe de miel
- ½ cuillère à soupe de sauce nuoc-mâm (pour remplacer le *garum*)
- Sel
- Poivre

En cuisine

1. Séparer les feuilles d'artichauts des fonds.
2. Émincer la coriandre fraîche et le vert de poireau.
3. Cuire les fonds d'artichauts environ 20 minutes dans une eau préalablement salée et portée à ébullition.
4. Laisser refroidir et égoutter les fonds.
5. Faire cuire les lentilles dans 1 l d'eau froide jusqu'à ébullition.
6. Ajouter le poireau et la coriandre, et laisser le tout mijoter à feu doux et à couvert.
7. Dans une petite casserole, faire blondir le miel, puis déglacer à froid avec le vinaigre.
8. Ajouter la sauce nuoc-mâm, le sirop, le poivre moulu, les graines de coriandre et de cumin, ainsi que la menthe et la mélisse.
9. Piler les fonds d'artichauts jusqu'à obtention d'une purée.
10. Mélanger le tout aux lentilles.
11. Ajouter du poivre et de l'huile d'olive avant de consommer.
12. Servir chaud.

Moules au cumin, d'après Apicius

Pour 2 personnes

Ingrédients

- 1 kg de moules
- 1 poireau
- 1 pincée de cumin en poudre
- 1 pincée de sarriette en poudre
- 10 cl de vin blanc sec
- ½ cuillère à soupe de nuoc-mâm (pour remplacer le *garum*)
- 1 pincée de poivre

En cuisine

1. Dans une cocotte, verser tous les ingrédients sauf les moules et porter à ébullition.
2. Faire mijoter une dizaine de minutes à couvert.
3. Dans le même temps, nettoyer les moules à la brosse et à l'eau.
4. Une fois les condiments mijotés, verser les moules dans la cocotte à feu vif.
5. Faire mijoter pendant 10 minutes à couvert et en tournant le tout à l'aide d'une cuillère en bois de temps en temps.
6. Servir les moules et le jus sans attendre.

Tartines d'ail aux amandes et au basilic

Pour 6 à 8 personnes

Ingrédients

- 2 gousses d'ail
- 60 g d'amandes
- Feuilles de coriandre fraîche
- Huile d'olive
- Pain grillé
- Miel (optionnel)

En cuisine

1. Plonger les amandes quelques minutes dans l'eau bouillante pour peler la membrane brune qui les recouvre.
2. Piler les amandes et l'ail.
3. Ajouter une cuillérée d'huile d'olive.
4. Tartiner de petites tranches de pain grillé avec le mélange.
5. Ajouter quelques feuilles de coriandre fraîche, voire un peu de miel.

RECETTES DE FÊTE, RECETTES « PHARES »

Douceurs pour fêter les Saturnales : les dattes farcies

Pour 2 personnes

Ingrédients

- 8 à 10 dattes fraîches
- 200 g de pignons de pin
- 200 g de noix
- 6 cuillères à soupe de miel
- Quelques grains de poivre blanc ou maniguette

En cuisine

1. Dénoyauter les dates.
2. Moudre le poivre dans un mortier jusqu'à obtenir une poudre.
3. Piler noix et pignons.

4. Faire griller les éclats de pignons dans une poêle.
5. Mélanger le poivre moulu, les noix et les pignons avec le miel.
6. Fourrer les dattes du mélange précédent.

Gourmandise de randonnée : *mustea* de Caton

Pour 1 à 2 personnes

Ingrédients

- 2 cuillères à soupe de fromage de chèvre râpé
- 2 tasses de farine de blé semi-complet
- 2 cuillères à soupe d'huile d'olive
- ½ verre de cidre doux
- Une dizaine de feuilles de laurier sauce
- 4 à 6 pincées de graines d'anis
- 2 à 4 pincées de graines de cumin

En cuisine

1. Préchauffer le four à 200 °C.
2. Passer à la poêle l'anis, le cumin et les feuilles de laurier, avant de les broyer dans un mortier.
3. Verser dans un saladier la farine, l'huile, le fromage, les graines et les feuilles, puis mélanger avec le cidre jusqu'à obtenir une pâte épaisse.
4. Modeler des boulettes, les aplatir légèrement et les inciser avec la lame d'un couteau.
5. Faire cuire au four pendant une vingtaine de minutes.

Petits pains au vin nouveau, d'après Caton

Pour une dizaine de petits pains

Ingrédients

- 500 g de farine de blé semi-complet
- 100 g de fromage de chèvre ou de brebis semi-frais
- 50 g de beurre ou de saindoux
- 10 g de sel
- 25 cl de moût (ou diluer 10 g de levure de boulanger avec 25 cl de jus de raisin, à préparer la veille)
- 1 cuillère à soupe de graines d'anis vert
- 1 cuillère à soupe de cumin
- 1 pincée de sel
- ½ cuillère de levure de boulanger
- Feuilles de laurier brisées

En cuisine

1. Émietter le fromage.
2. Mélanger la farine, le fromage, le beurre, le moût et le sel. La pâte doit former une boule assez souple.
3. Laisser reposer la boule sous un torchon, environ 2 heures dans un endroit à l'abri de l'air.
4. Former la dizaine de boules et les laisser gonfler.
5. Préchauffer le four à 250 °C.

6. Disposer les boules sur une plaque préalablement saupoudrée des morceaux de feuilles de laurier.
7. Une fois le four à température, inciser les boules.
8. Enfourner pendant 20 à 25 minutes dans un four à 150 °C et bien surveiller la cuisson.

QUELQUES BOISSONS

Les Romains considéraient certains vins comme des boissons bonnes pour la santé. Ainsi le *mulsum* était-il censé faciliter la digestion. Les propriétés médicinales des vins épicés étaient d'ailleurs au cœur de la théorie des quatre humeurs, inspirée par Hippocrate. Les vins secs étaient considérés « froids » et les vins doux « chauds ». En voici quelques recettes adaptées.

Posca pour l'été

Pour 1 l de vin

Ingrédients

- 2 cuillères à soupe de vinaigre de vin
- 1 l d'eau

En cuisine

1. Mélanger les liquides.
2. Mettre au frais avant de déguster.

Muslum pour l'automne

Pour 1 l de vin

Ingrédients

- 1 l de vin rouge
- 2 cuillères à soupe de graines de fenouil
- 4 feuilles de laurier sauce
- 4 cuillères à soupe de miel de romarin
- 1,5 cuillère à café de poivre blanc

En cuisine

1. Verser le vin rouge dans une casserole avec les graines de fenouil, le poivre, le laurier sauce et le miel de romarin.
2. Faire bouillir à couvert et couper le feu avant de laisser infuser une vingtaine de minutes.
3. Filtrer et conserver au réfrigérateur pendant une nuit.
4. Consommer frais. Idéal en apéritif.

Carenum pour l'hiver

Pour 1,5 l de vin

Ingrédients

- 1,5 l de sauternes (ou autre vin doux : monbazillac…)
- 250 g de miel de romarin
- ¼ de fenouil en branches
- ½ coing
- 1 cuillère à soupe de baies de genièvre
- 6 à 10 grains de poivre noir (ou de la maniguette)
- 2 bâtons de cannelle
- 1 pincée de clous de girofle
- 6 noix fraîches avec bogues

En cuisine

1. Broyer les bogues de noix.
2. Verser tous les ingrédients, vin compris, dans une grande casserole.
3. Faire bouillir à feu moyen (environ 50 minutes) jusqu'à l'apparition d'une mousse.
4. Laisser refroidir et conserver au frais pendant une nuit.
5. Consommer frais. Accompagne parfaitement desserts et foies gras.

QUELQUES MOTS POUR CONCLURE

À travers ce voyage dans les rites, la magie et un certain art de vivre à la romaine, l'objectif de cet ouvrage est de montrer toute l'importance du moment présent, celui qui ne cesse de nous souffler *carpe diem*, de cueillir chaque instant tel qu'il vient au gré des saisons et du mouvement des astres… Par l'attention portée à la nature, aux aliments, par la célébration des rites annuels, par la découverte de cette ancienne culture romaine à travers des objets de magie, ce voyage invite à la recherche lente du bien-être, étape fondamentale pour entamer un cheminement progressif vers la sérénité, voire la spiritualité. Une voie qui passe par l'observation de toute la beauté qui apparaît dans de nombreuses choses du quotidien (couleurs d'automne, éclosion des bourgeons, gouttes de pluies dessinant des sillons dans les flaques d'eau, ondulation de la flamme d'une bougie, reflet de la lumière, mouvements des nuages aux tons subtiles…). C'est la simplicité même qui pourra pallier cette impression d'injonction contradictoire qui surgit parfois lorsqu'il est conseillé de lâcher prise dans un but précis : lâcher prise pour méditer, lâcher prise pour obtenir le bien-être, lâcher prise pour s'initier à la communication animale, lâcher prise pour…

La voie présentée ici s'inscrit davantage dans l'action, ce qui est propre à la culture latine et plus largement européenne. Apprendre à apprécier l'essentiel, à voir autrement – un long chemin. Ce livre pourra inciter à s'offrir de véritables pauses bienfaitrices le temps d'un instant, avec des rites marquant les étapes saisonnières, des objets qui racontent une histoire et des monuments antiques qui ouvrent la porte sur un autre monde, mais restent proches de nous, qu'il s'agisse d'édifices encore en place (pavements de mosaïque, mausolées, arènes, etc.) ou de pièces exposées dans des musées à voir et à revoir, à contempler, à ressentir ou bien à découvrir.

D'ailleurs, quel que soit notre tempérament hippocratique, celui-ci nous démontre que la perfection est vaine, que la volonté de tout contrôler est illusoire, mais que la recherche de sa place et d'un équilibre au sein d'un macrocosme apporte déjà beaucoup ! Ainsi, hérités de l'Antiquité et étroitement liés à la Terre, tous ces éléments invitent à trouver ce juste équilibre, à faire, à contempler, à nous rechercher.

BIBLIOGRAPHIE

André, Jean-Marie, *La Médecine à Rome*, Tallandier, Paris, 2006.

Bailliot, Magali, *Magie et sortilèges dans l'Antiquité romaine – Archéologie des rituels et des images*, Hermann, Paris, 2010.

Bay, Coralie, *Magie et sorcellerie dans l'Antiquité, catalogue de l'exposition*, Musée archéologique départemental de Jublains, Conseil général de la Mayenne, 2010.

Betz, Hans Dieter *et al.*, *The Greek Magical Papyri in Translation: Including the Demotic Spells*, University of Chicago Press, Chicago-Londres, 1992.

Bilimoff, Michèle, *Les Plantes, les hommes et les dieux – Enquête sur les plantes messagères*, Ouest France, Rennes, 2006.

Charvet, Pascal et Ozanam, Anne-Marie, *La Magie, textes traduits et présentés*, Nil, 1994.

Duclaye, Glana-Claire, *Nouveau calendrier païen*, Danaé, Balma, 2016.

Dumézil, Georges, *La Religion romaine archaïque*, Payot, Paris, 1966.

- GRAF, Fritz, *La Magie dans l'Antiquité gréco-romaine, idéologie et pratique*, Les Belles Lettres, Paris, 1994.
- GRAS, Gilles, *Herbes et feux de la Saint-Jean, une survivance du paganisme ?*, Dante, 2015.
- HIERTHÈS, Magali, *Ces objets qui nous protègent*, De Vinci, Bernay, 2021.
- HUSSON, René et GALMICHE, Philippe, *Recettes romaines*, Fleurines, Saint-Affrique, 2012.
- LÉAUD-ZACHOVAL, Dominick, *La Naturopathie au quotidien*, Médicis, Paris, 2011.
- LE BOEUFFLE, André, *Le Ciel des Romains*, de Boccard, Paris, 1989.
- TILLOI D'AMBROISI, Dimitri, *L'Empire romain par le menu*, Arkhe, Paris, 2017.

DÉJÀ PARUS
DANS LA COLLECTION OSELESO

Les Pouvoirs
de l'astrologie celtique
Découvrez la magie de
votre arbre protecteur
Hermine Deniaud
Paru en octobre 2019

Les Expériences de
mort imminente
Quand la science envisage
l'impossible
Catherine Piraud-Rouet
Paru en novembre 2019

Les Pouvoirs de la loi
d'attraction
Les clés mystiques pour
transformer votre vie
Rachel Villecroze
Paru en janvier 2020

À l'aube
d'une transformation
Messages de l'au-delà
pour sauver l'humanité
Clesios
Paru en mars 2020

Le Monde des esprits
amérindiens
À la découverte
de votre animal totem
Emara Lino
Paru en juillet 2020

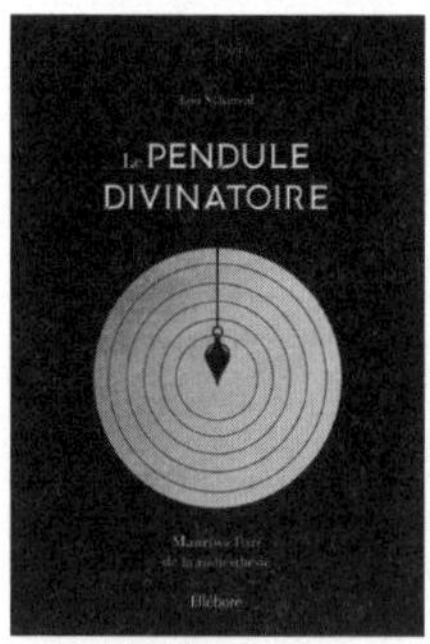

Le Pendule divinatoire
Maîtrisez l'art
de la radiesthésie
Lou Sylvereal
Paru en juillet 2020

DÉJÀ PARUS
DANS LA COLLECTION OSELESO

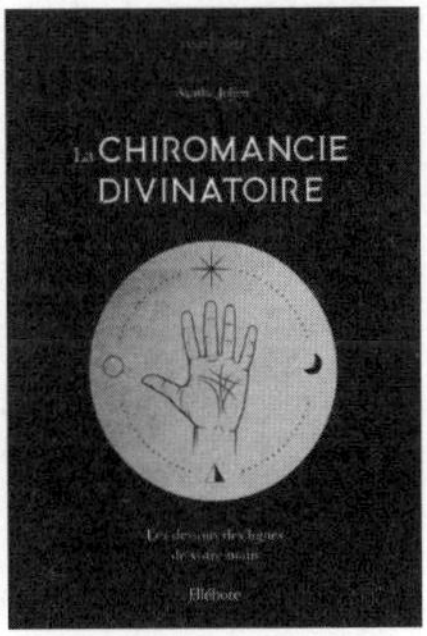

La Chiromancie divinatoire
Les dessous des lignes de votre main
Agathe Jolien
Paru en septembre 2020

Les Secrets de la numérologie prédictive
Une formation pas à pas pour des réponses rapides et précises – Zicenzo
Paru en octobre 2020

Le Monde enchanté des fées
Découvrez les secrets et rituels de ces allieés spirituelles
Marine Dourgwez
Paru en novembre 2020

Amulette et Talismans
Ces objets magiques des quatres coins du monde qui nous relient à l'Univers
Geoffrey Bush
Paru en janvier 2021

Magie & rituels de l'Égypte Antique
Reconnectez-vous à votre voie sacrée
Camille Suldrun
Paru en janvier 2021

Le Pouvoir des runes d'Odin
Maîtrisez votre Wyrd grâce aux glyphes nordiques
Sigrid Månedottir
Paru en février 2021

DÉJÀ PARUS
DANS LA COLLECTION OSELESO

La Voie intérieure du Tarot de Marseille
Les tirages originaux pour vous révéler à vous-même – Sidonie Kukolj & Véronique Grœné-Mayans
Paru en mars 2021

La Puissance des pierres de protection
La lithothérapie comme bouclier du corps et de l'esprit – Emara Lino
Paru en mai 2021

Les Dimensions sacrées des Mayas
Découvrer le nawal qui régit votre vie
Thierry Boucanier
Paru en juillet 2021

L'Âme ancestrale du monde chamanique
Développez votre clairvoyance grâce au néochamanisme
Jade Otter
Paru septembre 2021

À la croisée des trois mondes spirituels incas
Développez votre connexion astrale grâce au peuple du Soleil – Thierry Boucanier
Paru en octobre 2021

À la rencontre de vos guides spirituels
Accomplissez votre mission de vie grâce à vos alliés célestes – Olivier Cechman
Paru en janvier 2022

Dépôt légal : février 2022
Achevé d'imprimer en janvier 2022
par la Nouvelle Imprimerie Laballery.
N° d'impression : 112243
La Nouvelle Imprimerie Laballery est titulaire du label Imprim'Vert.

Imprimé en France